Sandra Harkensee

EINSTIEG
LEICHT GEMACHT

Die Welt des iPhones

VANDENHOECK & RUPRECHT

Aktiv mit Medien
Medienmentor*innen
für Senior*innen

VORWORT

Liebe Leserin, lieber Leser,

unsere Welt wird immer digitaler. Auch wenn Sie nicht aktiv die neuen Medien nutzen, sind immer mehr Bereiche des Lebens von der Digitalisierung betroffen. Krankenkassen bieten zum Beispiel E-Rezepte (elektronische Rezepte) an, Behörden vergeben Termine online oder stellen ihre Formulare nur noch digital zur Verfügung. Sportkurse können ebenfalls über den Computer oder dem iPhone gebucht werden. Selbst der Fernseher ist oft mit dem Internet verbunden und Ihre Familie und Freundinnen und Freunde kommunizieren vor allem über Apps, wie WhatsApp oder Signal, um Fotos aus dem Urlaub zu verschicken oder sich per Videoanruf zu erkundigen, wie es Ihnen geht.

Für ältere Menschen ist es eine Herausforderung, sich den digitalen Geräten wie beispielsweise einem iPhone zu nähern, besonders wenn sie dies allein tun müssen. Aber Sie sind nicht allein! Dieser Ratgeber wird Ihnen helfen, die Scheu vor dem iPhone zu verlieren und das kleine Gerät als Alltagshelfer zu nutzen, wie es für Sie und Ihren Alltag am einfachsten und besten funktioniert. Dieser Ratgeber erklärt Ihnen die ersten Schritte am Gerät langsam und anschaulich und erleichtert Ihnen den Einstieg.

Viel Spaß beim Ausprobieren, Üben und Digital-dabei-Sein!

Sandra Harkensee

01 | SYMBOLE AM IPHONE 8

02 | TIPPS & TRICKS 10

03 | WISCHGESTEN AM IPHONE 12

3.1 iPhone-Seiten ändern 12

3.2 Zu den Schnelleinstellungen wischen 13

3.3 Scrollen 14

3.4 Tippen (Öffnen) 15

3.5 In die Hintergrundeinstellungen gelangen 15

04 | DIE IPHONE-TASTATUR 16

05 | DIE ERSTEN SCHRITTE NACH DEM KAUF 32

5.1 Die Einrichtungsassistenz des iPhones 32

5.2 SIM-Karte einlegen 32

5.3 PIN eingeben 33

5.4 Die Auswahl der Sprache 34

5.5 AGB's akzeptieren 34

5.6 Die Einrichtung des Internets 35

5.7 Benutzerkonto anlegen 37

06 | GRUNDEINSTELLUNGEN AM GERÄT 40

6.1 Symbole und Tasten des iPhones 40

6.2 Schnelleinstellungen 44

6.3 WLAN einstellen 47

6.4 Einstellungen im Betriebssystem 50

6.5 Einrichten des "Home"-Bildschirms 54

6.6 App-Symbole zum Startbildschirm verschieben 59

6.7 App-Symbole entfernen bzw. löschen 59

07 | KONTAKTE IM TELEFONBUCH VERWALTEN 62

7.1 Die unterschiedlichen Kategorien im Telefonbuch 62

7.2 Kontakte auf dem iPhone anlegen 65

7.3 Einen bereits angelegten Kontakt ändern/bearbeiten 66

7.4 Kontaktfoto hinzufügen 67

7.5 Kontakte zu Favoriten hinzufügen 69

08 | TELEFONIEREN MIT DEM IPHONE 70

8.1 Telefonieren bei manueller Eingabe 70

8.2 Telefonieren über einen gespeicherten Kontakt 71

8.3 Funktionen während eines Anrufs 71

8.4 Den Anruf beenden 72

8.5 Einen eingehenden Anruf entgegennehmen 72

8.6 Einen verpassten Anruf verwalten 73

09 | DIE FUNKTIONEN DES APP STORE 74

9.1 Warum sollte ich Apps nur im App Store herunterladen? . . 74

9.2 Wie ist der App Store aufgebaut? 74

9.3 Wie lade ich eine App herunter? 80

10 | EFFEKTIV UND SICHER INS INTERNET 86

10.1 Welche bekannten Browser gibt es? 87

10.2 Was ist eine Internetadresse? 88

10.3 Welcher Browser ist für mich der richtige? 89

10.4 Sind alle Browser gleich sicher? 89

10.5 Wie wird ein Browser genutzt? 90

11 | INTERNET- UND APP-TIPPS 94

11.1 Digitale Kommunikationsmöglichkeiten 95

11.2 Einkaufen 97

11.3 Gesundheit 99

11.4 Mobilität im Alltag 101

11.5 Nützliche Alltagshelfer 104

11.6 Unterhaltung 106

11.7 APP- und Webseiten-Liste 110

12 | HILFREICHE WEBSEITEN UND MATERIALIEN 114

13 | TIPPS VOR DIGITALEN GEFAHREN 118

13.1 Warum Updates wichtig sind 118

13.2 Sichere Passwörter erstellen........................... 121

13.3 Telefon- und SMS-Betrug............................. 124

13.4 Die Drittanbietersperre 129

14 | ENGLISCHE BEGRIFFE. EINFACH ERKLÄRT! 130

v. l. n. r.
Anja Fischer,
Sandra Harkensee
und Bastian
Miersch von
Aktiv mit Medien

Neue Nachricht

Von: INFO-BOX

Betreff: Inhaltsverzeichnis der Infoboxen

Was ist ein Emoji und was ein Smiley? 24

Was passiert bei zu oft falsch eingegebenem SIM-Karten-PIN? . 34

Was ist der Unterschied zwischen WLAN und Mobilen Daten? .. 36

Datenschutz bei einer Anmeldung: Wichtige Hinweise 38

AssistiveTouch aktivieren 42

Passwort eingeben 49

Was sind eigentlich Apps? 51

Automatische Sperre kann mutig gewählt werden 53

Apps verschieben 56

Apps aufräumen für einen besseren Überblick................. 60

Namen suchen im Telefonbuch 64

Diktieren von Text auf dem iPhone.......................... 76

Zahlungen und Abos im App Store........................... 79

Was bedeutet iTunes? 79

Was ist Siri & Suchen?.................................... 85

Was sind Apps? Eine ausführliche Erklärung!................. 94

In-App-Käufe 99

Infobroschüren vom Digital Kompass 109

Tipps zu Ihren erstellten Passwörtern....................... 123

Tippkarten des Weißen Rings: Ihr Schutz vor Telefonbetrug ... 128

SENDEN

1. SYMBOLE AM IPHONE

Symbole auf iPhones sind eine praktische Möglichkeit, um Informationen schnell zu übermitteln. Ein Pfeil kann beispielsweise auf eine Navigation oder eine Richtungsänderung hinweisen, während ein halbförmiger Mond den "Nicht-Stören-Modus" symbolisiert. Diese Symbole sind leider nicht immer durch bloßes Anblicken zu verstehen. Es ist wichtig, sich mit den verschiedenen Symbolen auf Ihrem iPhone vertraut zu machen, um die Funktionen und Einstellungen besser nutzen zu können. Wir haben für Sie die Wichtigsten hiervon zusammengetragen.

HOME BUTTON/ NACH HAUSE-SYMBOL

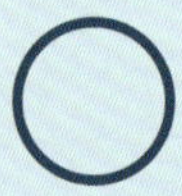

Auf die Startseite zurückgehen

ZURÜCK-PFEIL

Einen Schritt zurückkommen

WECKER

Ein Wecker ist gestellt

WLAN

Drahtloses lokales Internet

MOBILE DATEN

Mobiles Internet auf dem iPhone

BLUETOOTH

Kabellose Übertragungsmöglichkeit

LAUTSTÄRKE

Laut, Vibration, Lautlos

GPS/STANDORT

Positionsbestimmung über Satellit

BILDSCHIRM DREHEN/PORTRAIT

Bildschirm dreht sich mit

AKTUALISIEREN

Apps usw. werden auf den neusten Stand gebracht

UPDATE

Eine Aktualisierung Ihres Gerätes steht zur Verfügung

NICHT STÖREN

Alle Töne und die Vibration sind ausgeschaltet

FLUGMODUS

Schnittstellen nach außen werden getrennt

EINSTELLUNGEN

Alle Hintergrundeinstellungen am iPhone

NEU SCHREIBEN/ BEARBEITEN

Z.B. eine Telefonnummer aktualisieren

MENÜ

Liste der Funktionen einen Programms

SUCHFUNKTION

Nach Worten, Einstellungen usw. suchen

ANHÄNGE

Verschicken von Fotos, Videos, Kontakten usw.

TEILEN/ WEITERLEITEN

Fotos, Videos oder Links mit anderen teilen

AKKUSTAND

Zeigt den Ladezustand an

TASCHENLAMPE

Das Licht der Kamera wird aktiviert

MOBILFUNK-EMPFANG

Wird in E, 3G, 4G, LTE, 5G usw. unterschieden

ENERGIE SPAREN

Kurzzeitig Energie sparen, z.B. den Akku

FOKUS/ NICHT STÖREN

Anrufe, Hinweise und Mitteilungen sind stumm geschaltet

2. TIPPS & TRICKS

Vor der ersten Nutzung eines iPhones kann man schon mal nervös sein. Lieber benutzt man es dann ggf. gar nicht, bevor man in eine Kostenfalle tappt oder generell etwas falsch macht. Diese Tipps und Tricks helfen Ihnen dabei, die ersten Schritte ruhigen Gewissens zu meistern.

WAS IST DER UNTERSCHIED ZWISCHEN TIPPEN & DRÜCKEN?

Da Sie vermutlich noch ein Tastentelefon gewöhnt sind, ist es zu Anfang etwas schwierig, den Unterschied zwischen "etwas antippen" und "etwas am iPhone lang gedrückt halten" zu unterscheiden. Für alle alltäglichen Funktionen, die Sie an Ihrem Gerät vornehmen, wie z.B. etwas bestätigen, eine Textnachricht schreiben, jemanden anrufen usw., müssen Sie lediglich leicht auf Ihr iPhone tippen. Sobald Sie versuchen, eine dieser Funktionen mit einem "starken" Druck, wie z.B. auf einem Tastentelefon zu regulieren, öffnet sich hierbei eine neue Funktion. Ihr iPhone denkt dann, Sie möchten etwas in den Hintergrund-Einstellungen ändern. Hierfür ein Beispiel: Wenn Sie eine Nachricht verschicken wollen, tippen Sie leicht auf das Symbol "Nachrichten" und die App öffnet sich. Würden Sie auf die App "draufdrücken", öffnet sich die Hintergrundeinstellung, weil Ihr Gerät denkt, Sie möchten z.B. das App-Symbol verschieben. Schauen Sie sich hierfür das Kapitel 6 an.

WAS SIND EIGENTLICH APPS?

Das Wort steht in enger Verbindung zum iPhone. Eine ausführliche Beschreibung finden Sie auf Seite 130 im Kapitel "Englische Begriffe. Einfach Erklärt!" des Ratgebers. Wir empfehlen Ihnen dies ggf. zu Beginn zu lesen.

RÄUMEN SIE REGELMÄSSIG IHREN STARTBILDSCHIRM AUF!

Für einen besseren Überblick der Apps auf Ihrem iPhone zeigen wir Ihnen in Kapitel 6, wie Sie diese effektiv organisieren können.

WAS IST DIE AUTOMATISCHE SPERRE?

Die "Automatische Sperre" schaltet den Bildschirm automatisch aus, wenn das iPhone nicht aktiv genutzt wird. Stellen Sie die Automatische Sperre gern auf ein paar Minuten ein, damit Sie sich in Ruhe orientieren können, ohne dass der Bildschirm schwarz wird. Wenn Sie Ihr iPhone nicht mehr brauchen, können Sie es zum Glück immer durch Drücken des An- und Ausknopfes in den Ruhemodus versetzen. Siehe Kapitel 6.

WARUM REAGIERT MEIN IPHONE NICHT AUF MEIN TIPPEN?

Da iPhones oft nur noch einen dünnen Rand haben, müssen Sie darauf achten, den Bildschirm nicht versehentlich mit der Hand zu berühren, die das Gerät hält, damit es richtig auf das Tippen mit dem Finger reagieren kann.

WAS IST DER UNTERSCHIED ZWISCHEN "IOS" UND "ANDROID"?

iOS und Android sind die beiden gängigsten Betriebssysteme für iPhones/Smartphones. iOS wird von Apple verwendet, während Android von verschiedenen Marken wie Samsung, Motorola, Huawei und anderen Firmen genutzt wird. Diese Betriebssysteme sind Programme, die Ihr iPhone/Smartphone steuern. Ohne sie ist das iPhone/Smartphone nicht funktionsfähig. Der Unterschied zwischen beiden sind die Firmen, die dahinter stecken. iOS gehört zu dem Firmen-Giganten Apple, Android zu dem Firmen-Giganten Google. Obwohl sich die Nutzung der Betriebssysteme ähnelt, gibt es Unterschiede in der Benennung von Funktionen. Zum Beispiel heißt der digitale App-Store bei Android PLAY STORE und bei iOS APP STORE. Ähnlich, aber doch unterschiedlich!

KEINE ZAHLUNGSMETHODE – KEINE KOSTENPFLICHTIGEN APPS!

Wenn Sie in Ihrem digitalen Einkaufsladen, dem App Store, keine Zahlungsmethode hinterlegt haben, können Sie keine kostenpflichtige Apps erwerben. Sie müssen sich also keine Sorgen machen, versehentlich eine kostenpflichtige App herunterzuladen. Informationen zur Überprüfung Ihrer Zahlungseinstellungen finden Sie auf Seite 78 im Kapitel 9.

3. WISCHGESTEN AM IPHONE

Die Bedienung eines iPhones mit dem Finger ist einfach und intuitiv. Mit ein paar Fingerbewegungen können Sie auf verschiedene Funktionen und Apps zugreifen. Hier sind einige grundlegende Fingerbewegungen aufgeführt, die Ihnen dabei helfen, Ihr iPhone effektiv zu bedienen.

3.1 IPHONE-SEITEN ÄNDERN

Da die Startseite meistens aus mehreren Seiten besteht, wischen Sie mit Ihrem Finger entweder vom linken oder vom rechten Bildschirmrand nach innen, um zu den anderen Seiten zu gelangen. Wenn sich auf Ihrem Bildschirm unten Punkte befinden, weist dies darauf hin, dass es mehrere Seiten gibt.

DIE PUNKTE ZEIGEN AN, WIE VIELE SEITEN SIE BESITZEN!

NACH LINKS ODER RECHTS WISCHEN, UM DIE ANDEREN SEITEN ANGEZEIGT ZU BEKOMMEN.

3.2 ZU DEN SCHNELLEINSTELLUNGEN WISCHEN

Schnelleinstellungen auf dem iPhone sind eine Sammlung von Funktionen und Optionen, auf die Sie schnell zugreifen können, ohne in die Einstellungen tippen zu müssen. Sie sind in der Regel über das Kontrollzentrum des iPhones erreichbar ohne die Einstellungen öffnen zu müssen. In den Schnelleinstellungen finden Sie Symbole für Funktionen wie WLAN, Bluetooth, Flugmodus, Bildschirmhelligkeit und andere Optionen (siehe Kapitel 6, Seite 44: Schnelleinstellungen). Die genaue Position der Schnelleinstellungen auf dem iPhone kann je nach iPhone-Model und iOS-Version leicht variieren:

iPhone X und neuere Modelle: Streichen Sie vom oberen rechten Bildschirmrand nach unten, um das Kontrollzentrum aufzurufen.

iPhone 8 und ältere Modelle: Streichen Sie vom unteren Bildschirmrand nach oben, um das Kontrollzentrum anzuzeigen.

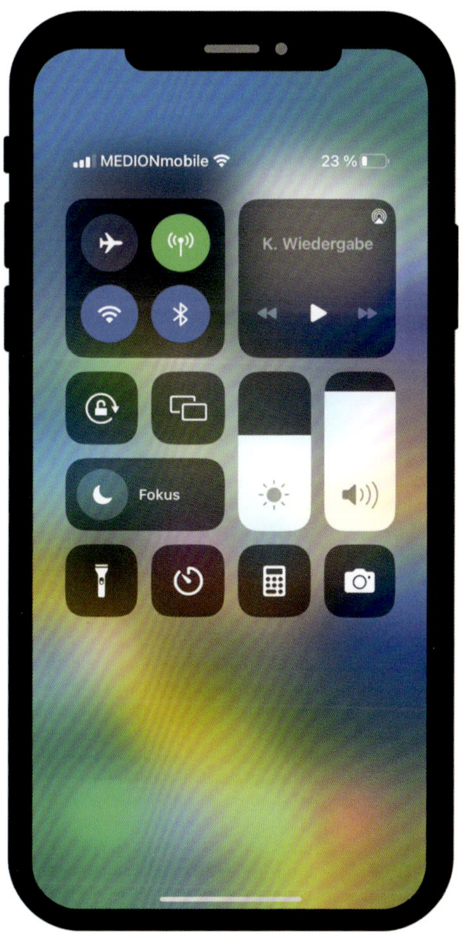

AB IPHONE X: VOM OBEREN RECHTEN RAND NACH UNTEN WISCHEN.

IPHONE 8 UND ÄLTER: VOM UNTEREN BILDSCHIRMRAND NACH OBEN WISCHEN.

3.3 SCROLLEN

Nicht jede App, Webseite oder jeder Text ist mit einem einzigen Blick direkt auf Ihrem Bildschirm vollständig sichtbar. Manchmal ist weiterer Inhalt verfügbar, der zunächst außerhalb des sichtbaren Bereichs liegt. Aber keine Sorge, es gibt eine einfache Methode, um diesen zusätzlichen Inhalt zu entdecken. Versuchen Sie, mit Ihrem Finger auf dem Bildschirm nach unten oder nach oben zu wischen. Je nach App oder Anwendung kann es sein, dass weiterer Text, Bilder oder andere Informationen erscheinen, die zunächst nicht sichtbar waren. Dieses Wischen wird auch als "Scrollen" bezeichnet und ermöglicht es Ihnen, den gesamten Inhalt zu erfassen. Bitte beachten Sie, dass das Wischen nach oben oder unten nicht auf der Startseite funktioniert. Es ist speziell für den Inhalt innerhalb einer App oder Webseite vorgesehen. Um Ihnen dabei zu helfen, Ihren Fortschritt im Scrollen zu verfolgen, verwenden viele Apps eine "Scroll-Anzeige". Diese Anzeige kann in Form einer Fortschrittsanzeige, eines kleinen Pfeils oder anderer Symbole am Rand des Bildschirms erscheinen. Sie zeigt Ihnen visuell an, wie viel Inhalt noch verfügbar ist und wie weit Sie bereits im Text vorangeschritten sind.

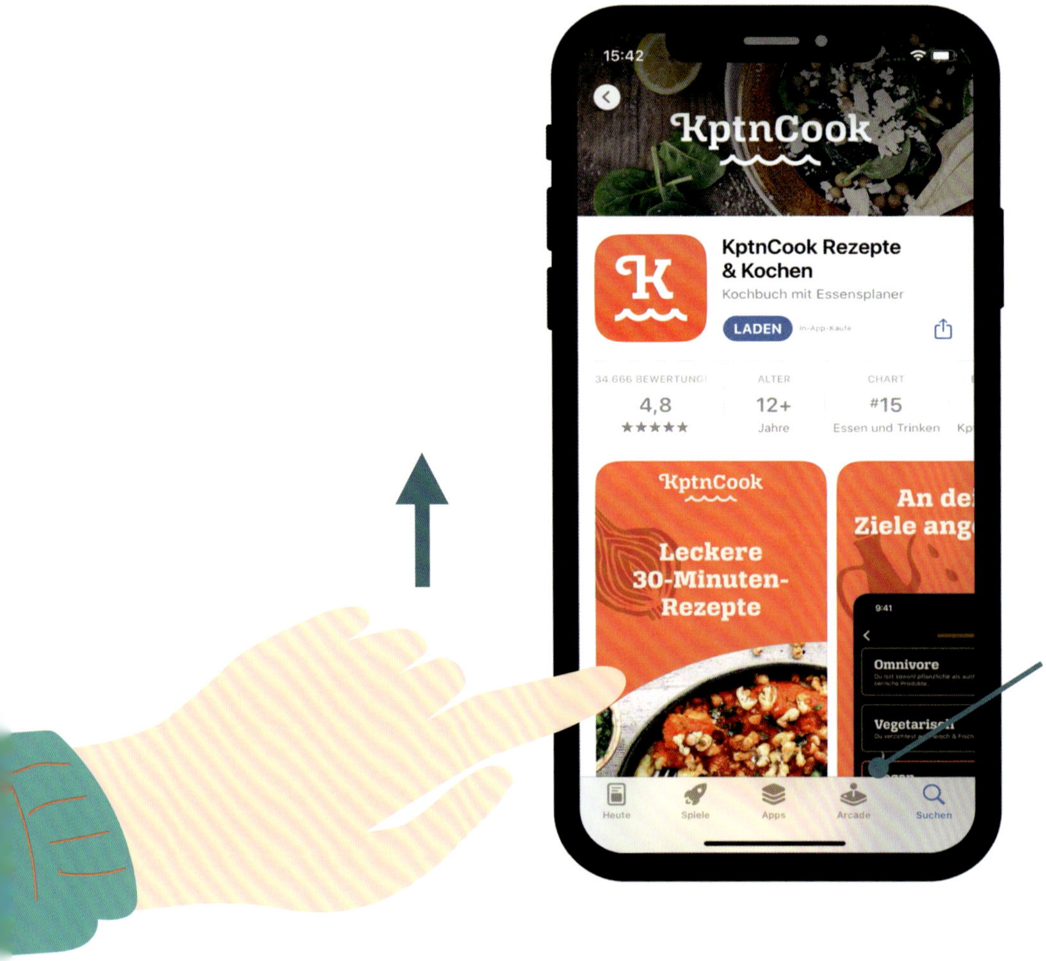

HIER VERBIRGT SICH NOCH MEHR TEXT.

WISCHEN SIE MIT IHREM FINGER VON UNTEN NACH OBEN!

3.4 TIPPEN (ÖFFNEN)

Durch kurzes Antippen des Bildschirms können Sie Apps öffnen, auf Links klicken, Optionen auswählen und vieles mehr. Ein einfacher Fingertipp ist die grundlegendste Art der Interaktion mit dem iPhone. Darüber hinaus gibt es noch das DOPPELTIPPEN, welches je nach Kontext auch verschiedene Funktionen auslösen kann. In einigen Apps (kleine Programmen auf Ihrem iPhone – Begriffserklärung auf Seite 130) ermöglicht es das Zoomen (auf Deutsch: Vergrößern) von Inhalten wie zum Beispiel von Bildern, während es in anderen Apps eine spezifische Aktion wie das Beantworten eines Anrufs aktiviert. Für den Anfang reicht es aber, wenn Sie das einfache Tippen – nicht drücken (siehe Seite 10) – beherrschen.

3.5 IN DIE HINTERGRUNDEINSTELLUNGEN GELANGEN

Durch längeres Drücken eines Elements können Sie zusätzliche Optionen und Funktionen aufrufen. Zum Beispiel können Sie eine App auf dem Startbildschirm lange drücken, um sie zu löschen oder zu verschieben (siehe Kapitel 6, Seite 54: Einrichten des "Home"-Bildschirms).

4. DIE IPHONE-TASTATUR

Die Tastatur ist auf dem iPhone allgegenwärtig und wird in den unterschiedlichsten Bereichen bei der Bedienung des Geräts benötigt. Sei es, um eine Textnachricht zu schreiben oder ein neues WLAN-Passwort einzugeben. Am Anfang kann die Bedienung etwas verwirrend sein, da die Tastatur nicht immer sofort erscheint, selbst wenn Sie schon im Bereich der Textnachricht (z.B. SMS oder WhatsApp) sind. Zudem gibt es verschiedene Funktionen, die zunächst etwas versteckt wirken. Beispielsweise stellt sich die Frage, wo sich die Sonderzeichen befinden oder wie man einen Buchstaben groß oder klein schreibt. All diese Fragen werden in diesem Kapitel beantwortet.

a) Texteingabefeld

Dieses Feld ist der Bereich auf dem Bildschirm, in den Sie Ihren Text eingeben und nachlesen können. Je nachdem, in welchem Bereich Sie auf Ihrem iPhone etwas schreiben möchten, müssen Sie zunächst mit Ihrem Finger in das Texteingabefeld tippen, damit sich die Tastatur öffnet. Oft ist dort auch Beispieltext enthalten, wie z.B. "SMS-Nachricht" in einem Textprogramm oder "Webseite suchen oder öffnen" bei einer Google-Suche. Sobald Sie mit Ihrem Finger in das Feld tippen, öffnet sich die Tastatur und die Eingabemarke, der sogenannte Cursor, beginnt zu blinken. Sobald Sie anfangen zu schreiben, verschwindet der Beispieltext und Ihr eigener Text kann eingegeben werden. Was die Worte APP und Webseite bedeuten, erfahren Sie im Kapitel "Englische Begriffe".

TEXTEINGABEFELD BEI EINER NACHRICHTEN-APP MIT BEISPIELTEXT

TEXTEINGABEFELD BEI EINER GOOGLE-SUCHE MIT BEISPIELTEXT

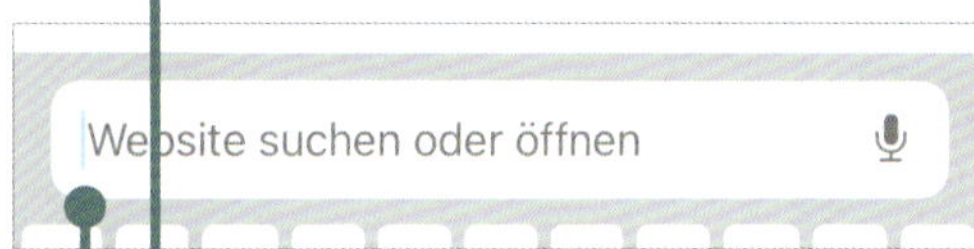

b) Cursor

Der Cursor (auf Deutsch: Eingabemarke) ist eine vertikale blinkende Linie, die anzeigt, an welcher Stelle im Texteingabefeld der nächste Buchstabe oder das nächste Zeichen eingegeben wird. Er bewegt sich automatisch nach rechts, während Sie tippen, und ermöglicht es Ihnen, den Text präzise zu bearbeiten. Durch Tippen auf eine bestimmte Stelle im Text können Sie den Cursor verschieben, um Text hinzuzufügen oder zu löschen. Zusätzlich können Sie den Cursor durch längeres leichtes Drücken und Ziehen mit dem Finger genauer positionieren, was die Textbearbeitung erleichtert.

HALTEN SIE IHREN FINGER LEICHT AUF DEM CURSOR GEDRÜCKT, ERSCHEINT EINE ART VERGRÖSSERUNGSGLAS. NEHMEN SIE DEN FINGER NICHT VOM GERÄT. DURCH WISCHEN MIT DEM FINGER KÖNNEN SIE DEN CURSOR PRÄZISE AN DIE GEWÜNSCHTE STELLE IM TEXT VERSCHIEBEN.

c) Umschalttaste

Diese Taste, die häufig durch einen nach oben gerichteten Pfeil dargestellt wird, ermöglicht das Umschalten zwischen Groß- und Kleinbuchstaben. Einmaliges Tippen auf diese Taste bewirkt, dass der nächste Buchstabe groß geschrieben wird; der Pfeil wird dabei schwarz gefüllt. Durch zweimaliges schnelles Tippen aktivieren Sie die sogenannte "Feststelltaste", die bewirkt, dass alle Buchstaben dauerhaft groß geschrieben werden. In diesem Modus bleibt der Pfeil schwarz gefüllt und wird zusätzlich durch einen kleinen Strich darunter gekennzeichnet. Ein weiteres einmaliges Tippen auf die Taste schaltet wieder auf Kleinbuchstaben um; der Pfeil ist dann nicht mehr gefüllt.

UNGEFÜLLTER PFEIL: KLEINSCHREIBUNG

GEFÜLLTER PFEIL: EINMALIGE GROSSSCHREIBUNG

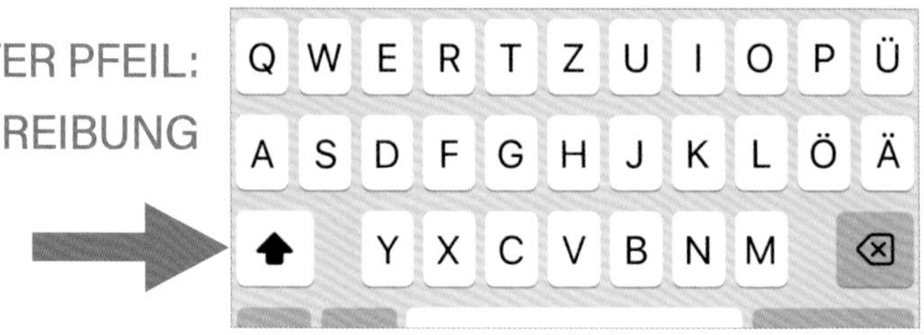

GEFÜLLTER PFEIL MIT STRICH DARUNTER: FESTSTELLTASTE FÜR DAUERHAFTE GROSSSCHREIBUNG

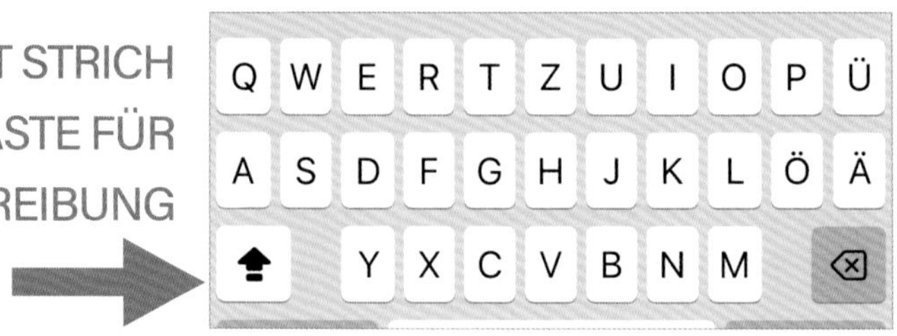

d) Wortvorschläge

Die Wortvorschlagsleiste auf einer iPhone-Tastatur befindet sich direkt oberhalb der Tastatur und ist ein hilfreiches Werkzeug zur Beschleunigung und Verbesserung der Texteingabe. Während Sie tippen, zeigt die Leiste automatisch eine Reihe von Wortvorschlägen an, die auf Ihrem bisherigen Text basieren und sich im Laufe der Zeit durch Ihre Schreibgewohnheiten weiter verbessern. Diese Vorschläge erleichtern nicht nur die Eingabe, sondern helfen auch dabei, Tippfehler zu korrigieren. Wenn ein Vorschlag passend erscheint, können Sie mit Ihrem Finger darauf tippen, um das Wort direkt in Ihren Text einzufügen, anstatt es vollständig selbst einzugeben.

e) Leerzeichen-Taste

Diese lange Taste in der Mitte der unteren Reihe fügt ein Leerzeichen ein, so dass die Wörter voneinander getrennt werden.

f) Eingabetaste

Die Eingabetaste hat je nach ihrer Verwendung verschiedene Funktionen und wird oft durch ein nach unten zeigendes Pfeilsymbol dargestellt. In der Regel dient das Tippen auf die Eingabetaste dazu, dass der Cursor in die nächste Zeile verschoben wird.

Zusätzlich kann die Eingabetaste in bestimmten Apps oder bei der Eingabe von Suchanfragen (z.B. bei Google) dazu verwendet werden, eine Suche zu starten oder einen Befehl auszuführen. Auch wenn Sie beispielsweise ein WLAN-Passwort eingeben wollen, müssen Sie zur Bestätigung die Eingabetaste tippen. Hierbei ändert sich die die Bezeichnung der Taste allerdings, wie Sie den Bildern entnehmen können.

GOOGLE-SUCHE: PFEIL WIRD ZU "SUCHEN-TASTE"

WLAN-PASSWORT: PFEIL WIRD ZU "VERBINDEN-TASTE"

g) Löschtaste

Diese Taste, oft durch ein X-Symbol mit einem Pfeil nach links dargestellt, löscht Zeichen, Buchstaben etc., links vom Cursor.

h) Mikrofontaste oder Absenden

Diese Taste auf Ihrer Tastatur hat eine doppelte Funktion. Anstatt zu schreiben, können Sie sie nutzen, um eine Textnachricht zu sprechen. Das Symbol auf dieser Taste entspricht dabei einem kleinen Mikrofon. Dieses kann auch doppelt auf Ihrer Tastatur zu finden sein (siehe Abbildung Seite 16). Somit werden Ihre gesprochenen Worte automatisch in Text umgewandelt. Dies ist nicht zu verwechseln mit der Sprachnachricht (siehe Punkt j: Sprachnachricht oder Absenden-Symbol).

Um das Mikrofon zu nutzen, tippen Sie auf das kleine Mikrofon-Symbol (siehe Seite 16 in der Abbildung). Sobald dies geschieht, wird das Mikrofon aktiviert, und Ihr iPhone beginnt, Ihnen zuzuhören. Denken Sie daran, auch Satzzeichen und Symbole auszusprechen, damit das Sprachsystem weiß, dass zum Beispiel ein Komma eingefügt werden soll.

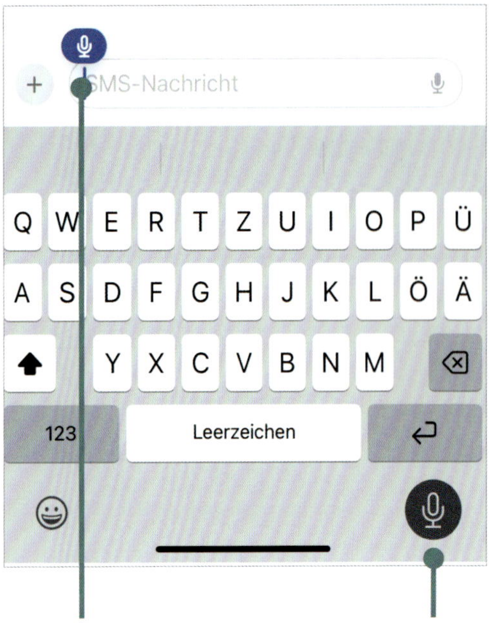

LEUCHTET DAS MIKROFON-SYMBOL BLAU BZW. GRAU, HÖRT ES IHNEN ZU UND WANDELT IHRE SPRACHE IN TEXT UM. IST ES NICHT FARBIG HINTERLEGT, HÖRT ES IHNEN NICHT ZU UND SIE MÜSSEN ES ZUERST AKTIVIEREN. TIPPEN SIE DAZU MIT IHREM FINGER AUF DAS MIKROFON.

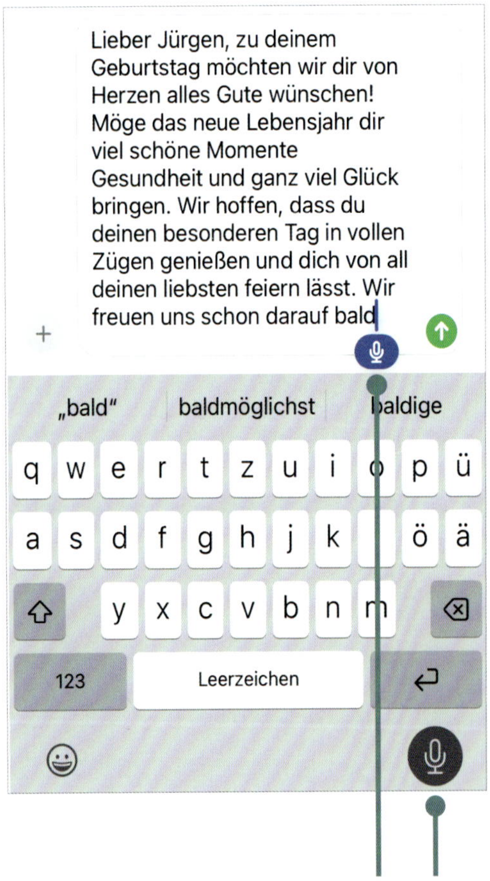

Tipp: Sprechen Sie langsam und deutlich in das Mikrofon, was Sie schreiben möchten.

Schauen Sie sich den Text an, der erschienen ist, und überprüfen Sie, ob alles richtig ist. Wenn Sie zufrieden sind, können Sie den Text abschicken (siehe nächste Seite). Sonst mit dem Cursor auf die zu bearbeitenden Stelle tippen und nachbearbeiten (siehe Punkt b: Cursor).

TIPPEN SIE AUF EINES DER MIKROFONE, UM DAS ZUHÖREN DES IPHONES ZU BEENDEN.

Achtung: Wenn die Spracheingabe bei Ihnen nicht funktioniert, müssen Sie zunächst die entsprechenden Berechtigungen dafür erteilen. In der Regel wird Ihnen beim Tippen auf das Mikrofon-Symbol ein Feld angezeigt. Wenn Sie auf "Diktierfunktion aktivieren" tippen, können Sie das Mikrofon zukünftig ohne weitere Bestätigung verwenden. Wenn Sie auf "Später" tippen, ist die Verwendung des Mikrofons nicht möglich.

Manchmal taucht auch dieses Feld im nächsten Schritt auf. Apple fragt Sie hierbei, ob Sie helfen möchten, Siri (Begriffserklärung auf Seite 135) und die Diktierfunktion zu verbessern. Dazu bittet Apple um Erlaubnis, Audioaufnahmen Ihrer Interaktionen mit Siri und der Diktierfunktion zu speichern und anzuhören. Das bedeutet, dass Apple Ihre gesprochenen Wörter speichern und prüfen würde, um diese Funktionen besser zu machen. Sie können entweder "Später" wählen, um jetzt keine Entscheidung zu treffen bzw. es nicht zuzulassen oder "Teilen", um Apple diese Erlaubnis zu geben. Dies können Sie selbstverständlich selbst entscheiden. Beachten Sie allerdings, dass dabei Ihre persönlichen Daten wie Ihre Stimme und gesprochenen Inhalte gespeichert werden könnten, was ein Risiko für Ihre Privatsphäre darstellen kann.

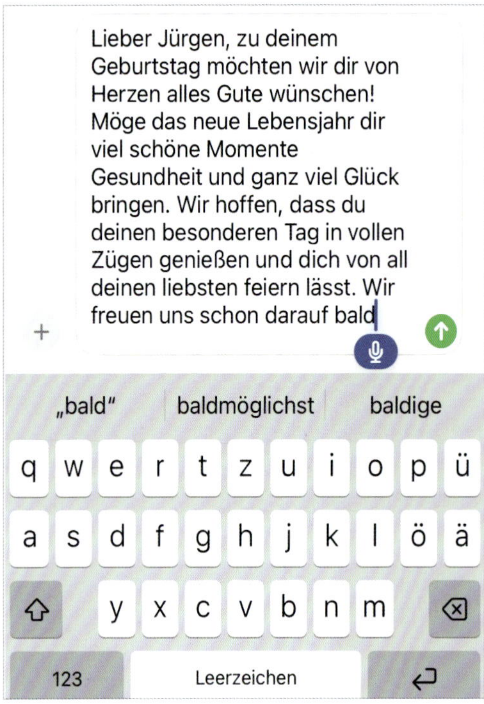

Sobald Sie mit dem Sprechen begonnen haben, verwandelt sich das anfänglich kleinere Mikrofonsymbol in ein Absende-Symbol. Dieses Symbol ist in der Regel ein nach oben gerichteter Pfeil in einem grünen Kreis. Wenn Sie darauf tippen, wird die Nachricht automatisch an den Empfänger gesendet. Hierbei spielt es keine Rolle, ob das Mikrofon noch aktiviert ist oder Sie es schon mit Ihrem Finger durch Tippen ausgestellt haben.

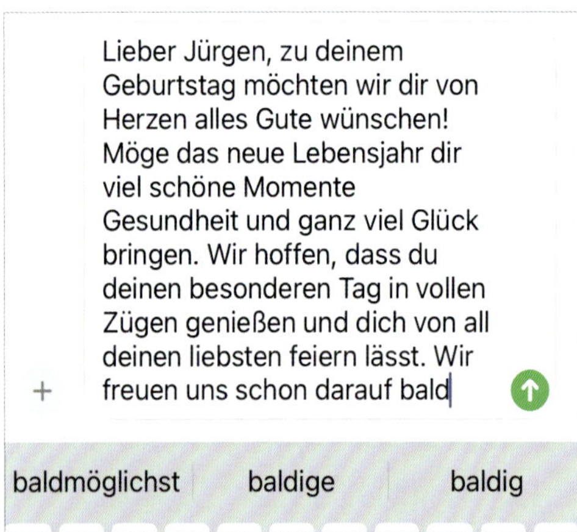

Selbst wenn Sie die Textnachricht getippt und nicht per Spracheingabe erstellt haben, ändert sich das kleine Mikrofon-Symbol automatisch in ein Senden-Symbol, sobald Sie angefangen haben zu schreiben.

i) Zahlen- und Symboltaste

Die Zahlen- und Symboltaste auf einer iPhone-Tastatur ist ein nützliches Werkzeug, das Ihnen den Zugriff auf Zahlen und zusätzliche Zeichen ermöglicht. Die Taste ist mit **"123"** beschriftet. Wenn Sie auf diese Taste tippen, wechselt die Tastatur von der Buchstabentastatur zur Zahlen- und Symboltastatur.

In diesem Modus werden die Buchstabentasten durch Tasten für Zahlen ersetzt, so dass Sie schnell Ziffern eingeben können. Diese Ansicht umfasst in der Regel die Ziffern von 0 bis 9 und häufig auch grundlegende Satzzeichen wie Punkt, Komma und Bindestrich.

Zusätzlich bietet die Zahlen- und Symboltastatur eine Taste für spezielle Zeichen und Symbole, die durch ein weiteres Antippen der Taste "#+=" zugänglich wird. Wenn Sie wieder zur Buchstabentastatur zurückkehren möchten, können Sie auf die Schaltfläche **ABC** tippen. Möchten Sie wieder zur Zahlen- und Symboltastatur zurück, tippen Sie wieder auf **123**.

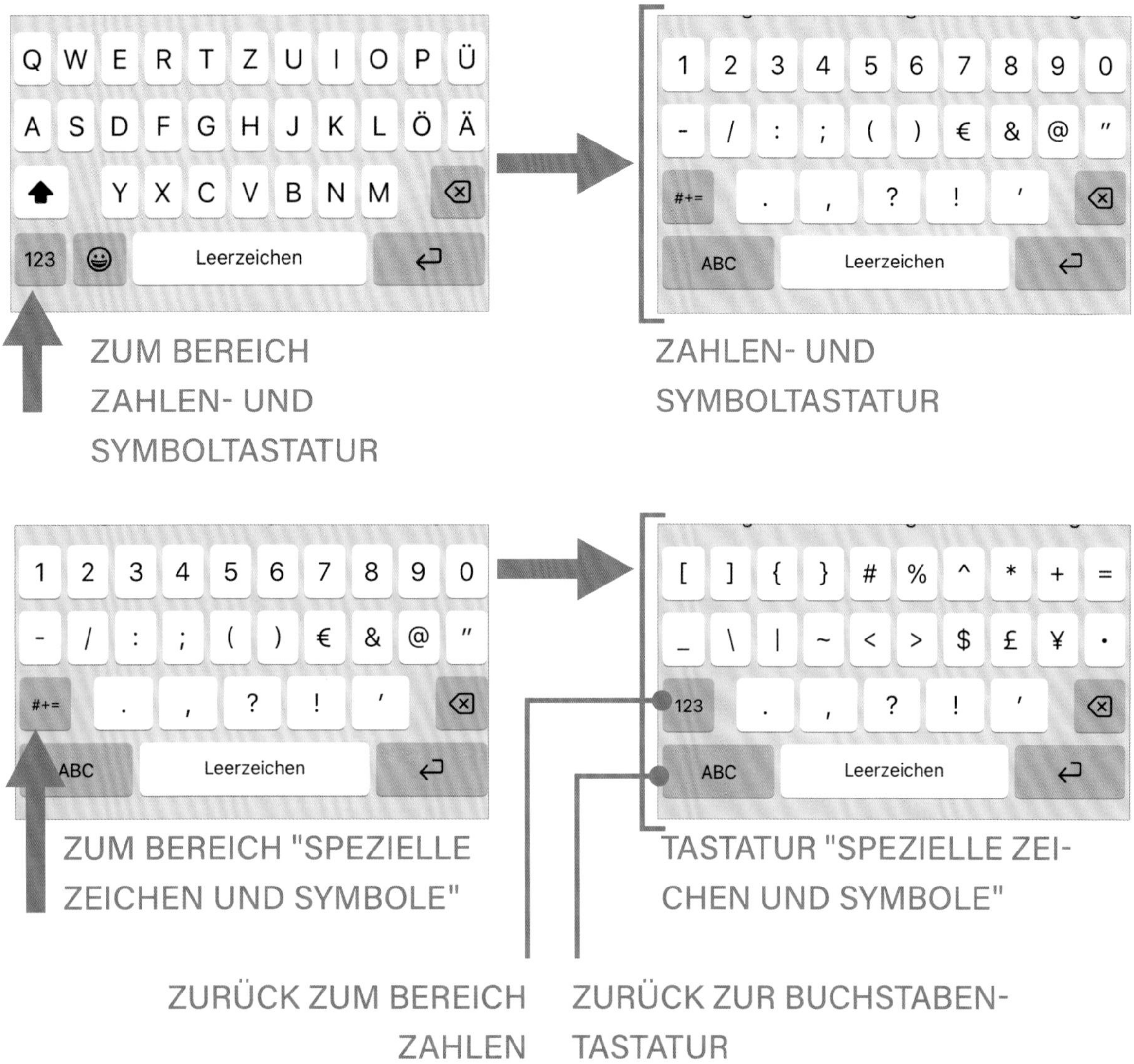

j) Sprachnachricht aufnehmen

Eine Sprachnachricht ist eine Art von Nachricht, bei der Sie Ihre Stimme aufnehmen und diese als Audio-Datei verschicken können, anstatt den Text manuell einzugeben. Tippen Sie hierfür auf das Plus-Zeichen links neben dem Texteingabefeld auf Ihrer Tastatur. Ein Menü wird angezeigt, in dem Sie verschiedene Optionen sehen. Wählen Sie die Option AUDIO oder SPRACHNACHRICHT aus. Es öffnet sich automatisch die Aufnahme und Sie können anfangen zu sprechen. Wenn Sie die Aufnahme beenden möchten, tippen Sie auf das rote Viereck rechts neben der Audioaufnahme.

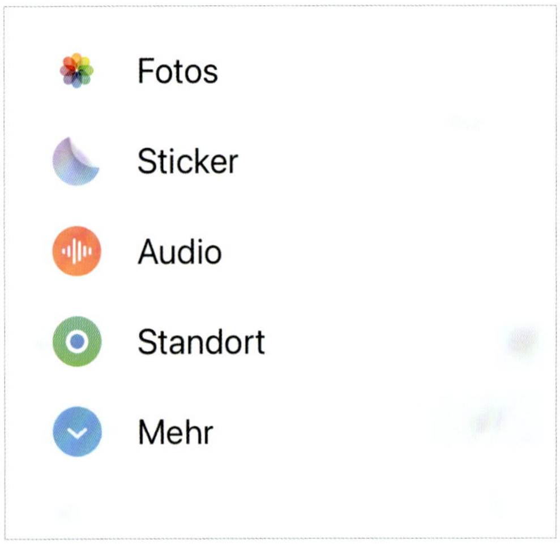

Tippen Sie erst auf das kleine Plus links neben dem Texteingabefeld und dann auf Audio.

Die Aufnahme geht direkt los. Sprechen Sie Ihren Text. Möchten Sie die Audioaufnahme beenden, tippen Sie auf das Stopp-Zeichen (rotes Viereck).

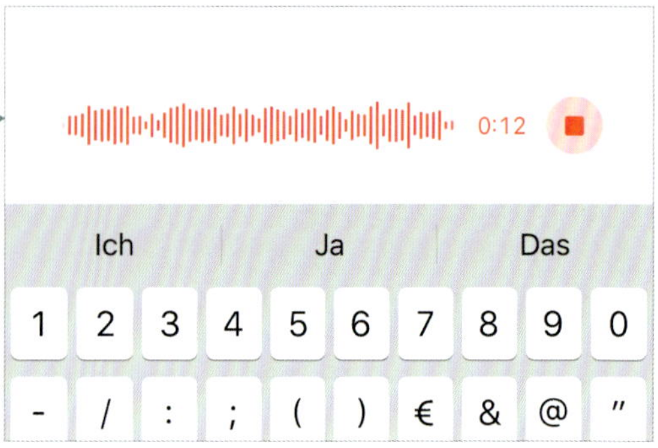

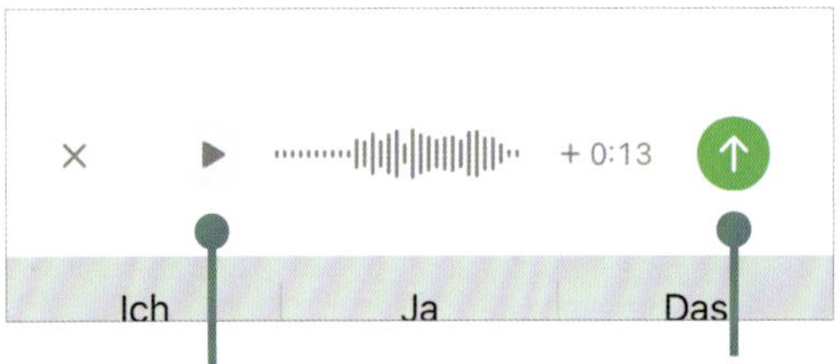

Falls Sie die Nachricht von vorn beginnen möchten und diese löschen wollen, tippen Sie links auf das X-Symbol.

UM DIE NACHRICHT ABZUSENDEN, TIPPEN SIE AUF DAS ABSENDE-SYMBOL.

UM DIE NACHRICHT NOCHMALS ANZUHÖREN, BEVOR SIE DIE NACHRICHT ABSCHICKEN, TIPPEN SIE AUF DAS KLEINE PLAY-ZEICHEN (AUF DEUTSCH: ABSPIELEN), WELCHES AUSSIEHT WIE EIN KLEINES DREIECK.

k) Emoji-Symbol

Neue Nachricht

Von: INFO-BOX

Betreff: Was ist ein Emoji und was ein Smiley?

Das Wort "Emoji" (man liest: Emodschi) stammt aus dem Japanischen und setzt sich aus zwei Teilen zusammen: "E" bedeutet "Bild" und "Moji" bedeutet "Zeichen" oder "Buchstabe". Zusammen ergibt sich daraus "Bildzeichen" oder "Bildschriftzeichen". Es handelt sich um kleine Bilder oder Symbole, welche verschiedene Dinge darstellen können, wie Gefühle, Objekte, Tiere oder Aktivitäten. Emojis helfen dabei, in Textnachrichten oder Online-Kommunikation Gefühle und Stimmungen auszudrücken, die sonst schwer nur mit Worten zu beschreiben wären. Das Wort "Smiley" (man liest: Smeili) leitet sich vom englischen Wort "smile" ab, was "lächeln" bedeutet und ist eine spezielle Art von Emoji, das immer ein Gesicht zeigt. Meistens drückt ein Smiley ein bestimmtes Gefühl aus, wie Freude, Traurigkeit oder Überraschung. Zusammengefasst: Ein Emoji ist ein Oberbegriff für alle kleinen Bildsymbole, die Gefühle, Dinge oder Aktionen darstellen. Ein Smiley hingegen ist eine Unterkategorie der Emojis, die sich speziell auf Gesichter mit verschiedenen Ausdrücken konzentriert. Jeder Smiley ist also ein Emoji, aber nicht jedes Emoji ist ein Smiley.

Das Symbol für den Zugriff auf die Emojis wird häufig durch ein lachendes Gesicht, also ein Smiley, auf der Tastatur dargestellt. Wenn Sie auf das Emoji-Symbol tippen, öffnet sich ein Menü mit verschiedenen Emojis und anderen Grafiken, die Sie in Ihre Nachrichten einfügen können. Beachten Sie, dass das Emoji-Symbol je nach Tastatur-Einstellung (siehe Punkt I: Einstellungen von Sprache). an unterschiedlichen Stellen auf der Tastatur zu finden sein kann.

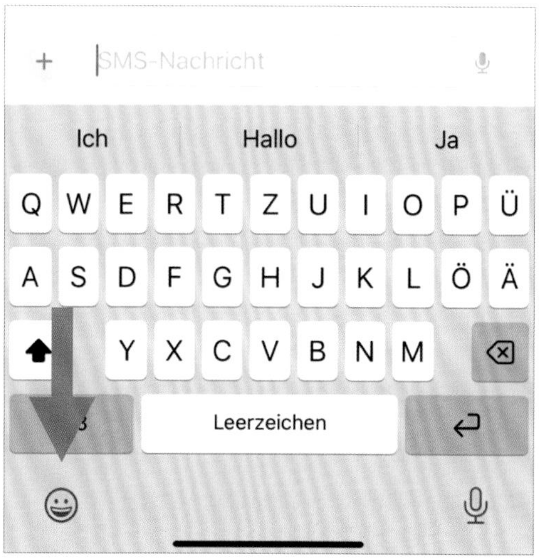

BEISPIEL: IPHONE 11

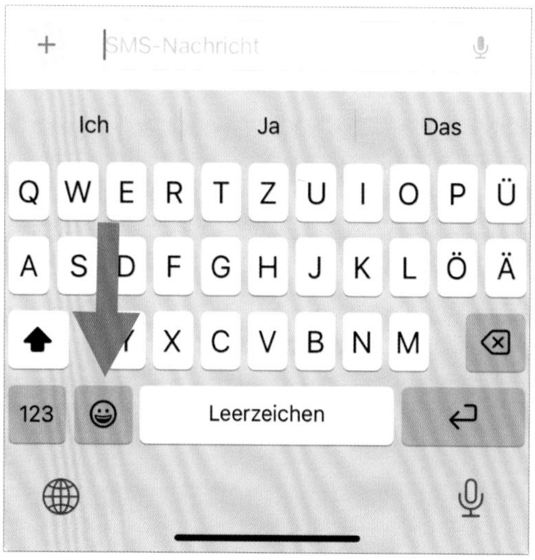

BEISPIEL: IPHONE 14 PRO

Sobald Sie auf das Smiley-Symbol mit Ihrem Finger getippt haben, öffnet sich ein Menü mit verschiedenen Kategorien von Emojis. Diese Kategorien könnten zum Beispiel Gesichter und Emotionen, Tiere, Essen und Trinken, Aktivitäten, Reisen und Orte, oder Symbole und Zeichen umfassen. Sie können durch die verschiedenen Kategorien blättern, indem Sie auf die unterschiedlichen Symbole am unteren Rand des Menüs tippen. Sobald Sie das passende Emoji gefunden haben, müssen Sie darauf tippen, und es wird automatisch in Ihre Nachricht eingefügt. Dies ermöglicht es Ihnen, Ihre Gedanken und Gefühle auf eine visuelle und oft humorvolle Weise auszudrücken. Hier einige Beispiele:

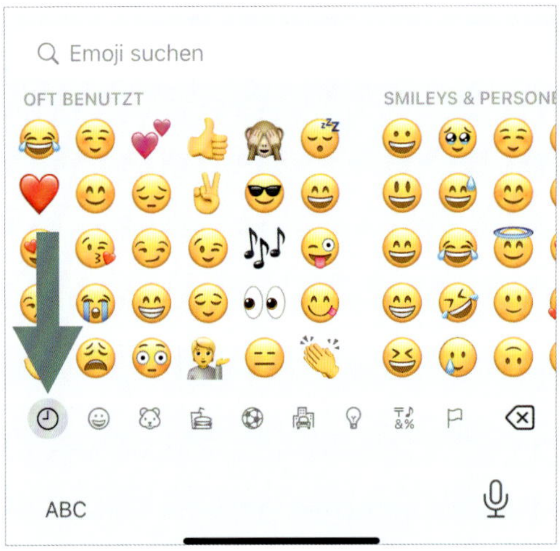

OFT GENUTZTE EMOJIS

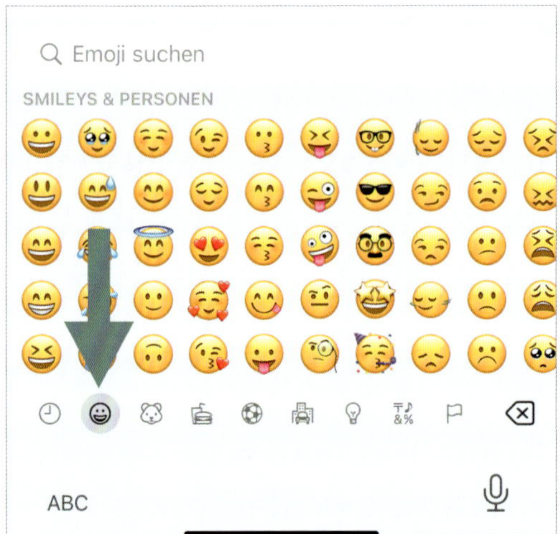

SMILEYS & PERSONEN

TIERE & NATUR

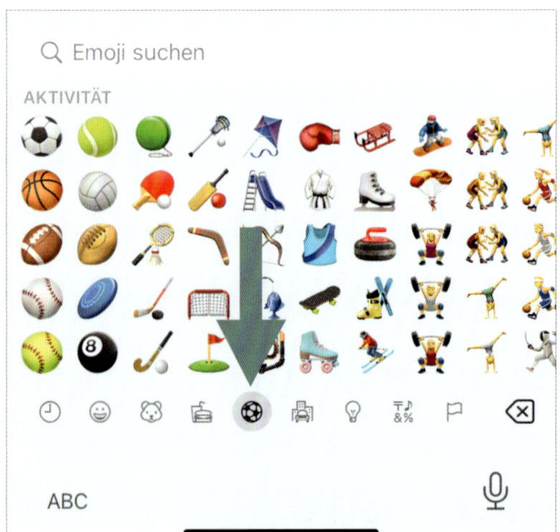

AKTIVITÄTEN

Wenn Sie auf den Bereich "Emojis suchen" tippen, öffnet sich die Tastatur und Sie können einen Suchbegriff eingeben (z.B. Pizza). Anschließend werden Ihnen die passenden Emojis angezeigt. Um wieder zur Buchstaben-Tastatur zu gelangen, tippen Sie auf die ABC-Taste, wie auch schon bei den Zahlen und Symbolen.

Tipp: Wenn Sie sich im Emoji-Modus befinden, wird passender Text auf Ihrem iPhone automatisch in orange hervorgehoben. Tippen Sie auf die hervorgehobenen Wörter, um Vorschläge für passende Emojis zu erhalten. Tippen Sie erneut darauf, um das gewünschte Emoji in den Text einzufügen.

Auf diese Weise kann aus einer einfachen Nachricht, eine liebevoll gestaltete Botschaft werden.

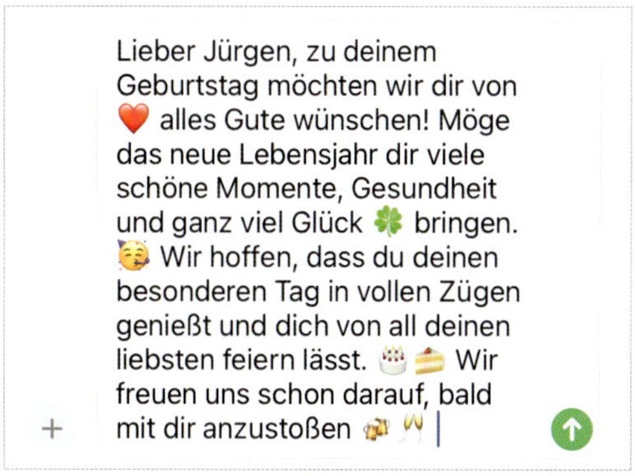

DIE GIF-NUTZUNG

Ein GIF ist ein kleines Bild, das sich bewegt, ähnlich wie ein kurzes, wiederholendes Video. Es zeigt oft lustige oder interessante Szenen und wird in Nachrichten verwendet, um Emotionen oder Reaktionen auf eine unterhaltsame Weise darzustellen. Um ein GIF zu verschicken, müssen Sie nochmals auf das kleine Plus tippen, welches sich links neben dem Texteingabefeld befindet.

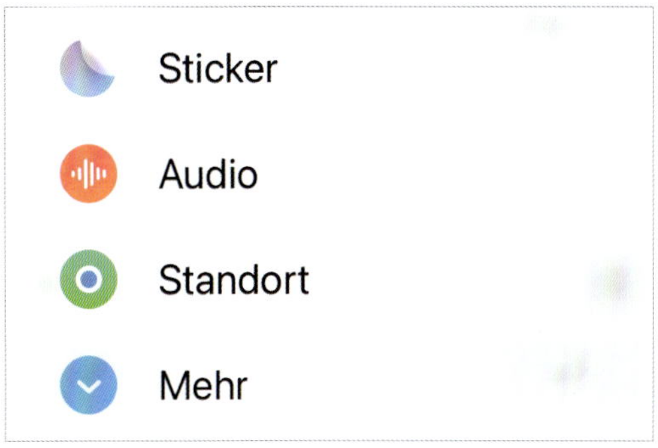

Tippen Sie dort auf MEHR...

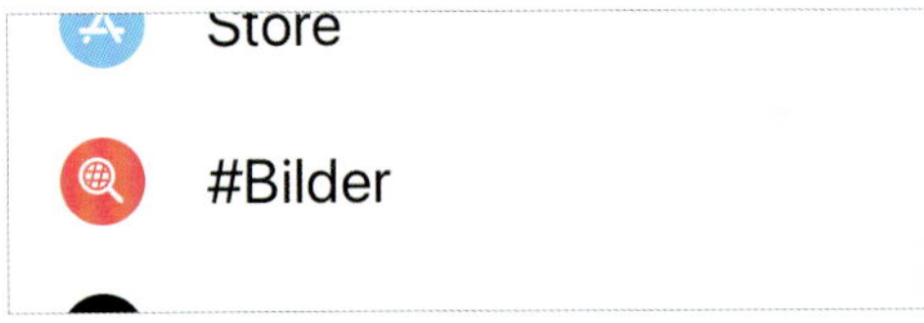

...und dann auf #BILDER.

Wenn Sie sich für ein GIF entschieden haben, tippen Sie darauf und es wird automatisch in den Text eingefügt. Denken Sie daran, zum Absenden der Nachricht auf das Absende-Symbol zu tippen (siehe Punkt h: Mikrofon oder Absenden).

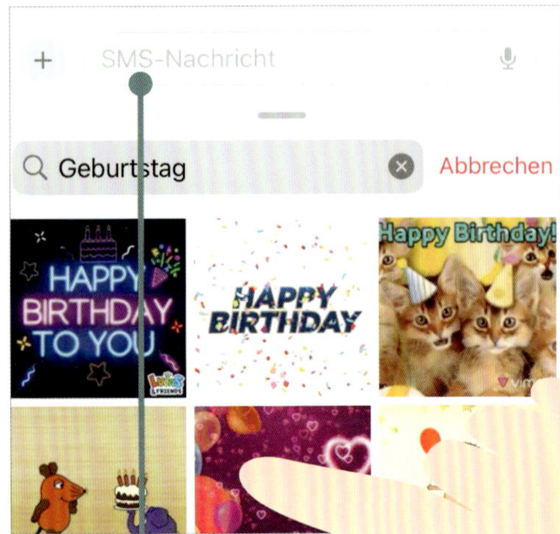

TIPPEN SIE IN DAS TEXTEINGABEFELD, UM ZUR BUCHSTABENTASTATUR ZURÜCKZUGELANGEN.

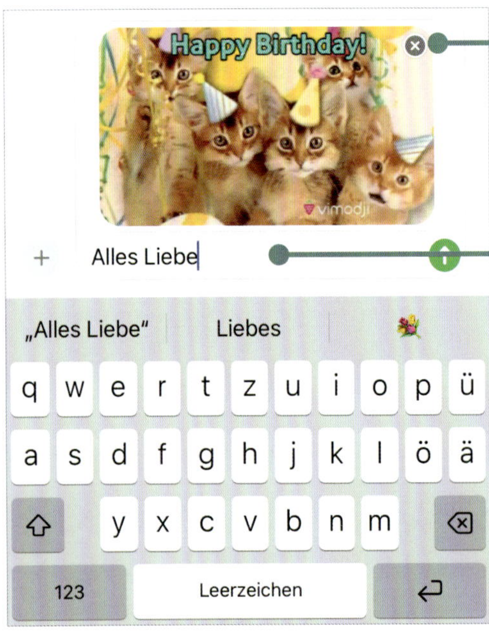

WENN SIE DAS GIF DOCH NICHT VERSCHICKEN MÖCHTEN, KÖNNEN SIE AUF DAS KLEINE X TIPPEN, UM DAS BILD ZU LÖSCHEN.

WENN SIE SICH FÜR EIN GIF ENTSCHIEDEN HABEN UND ES IN IHREM TEXT ERSCHEINT, KÖNNEN SIE DURCH TIPPEN IN DAS EINGABEFELD UNTER DEM GIF EINE NACHRICHT HINZUFÜGEN.

l) Einstellungen von Sprache

Wenn Sie die Sprache Ihrer Tastatur ändern oder anpassen möchten, können Sie dies in den Einstellungen Ihres iPhones vornehmen. Das Symbol für die Einstellungen sieht aus wie ein kleines Zahnrad und ist auf der Startseite des iPhones zu finden. Tippen Sie darauf.

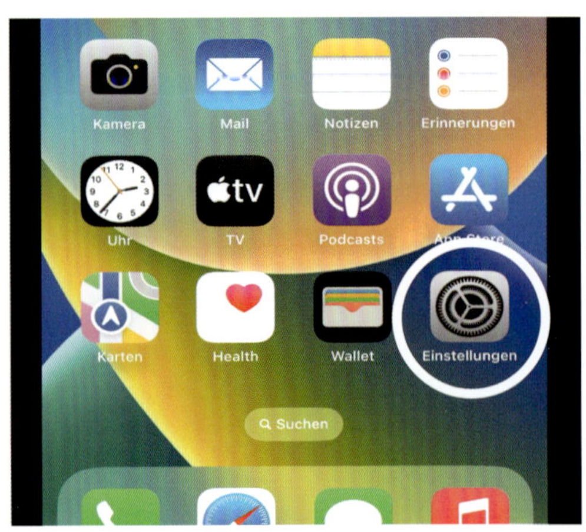

Tippen Sie im Menü der Einstellungen dann auf ALLGEMEIN, dann auf TASTATUR und anschließend auf TASTATUREN.

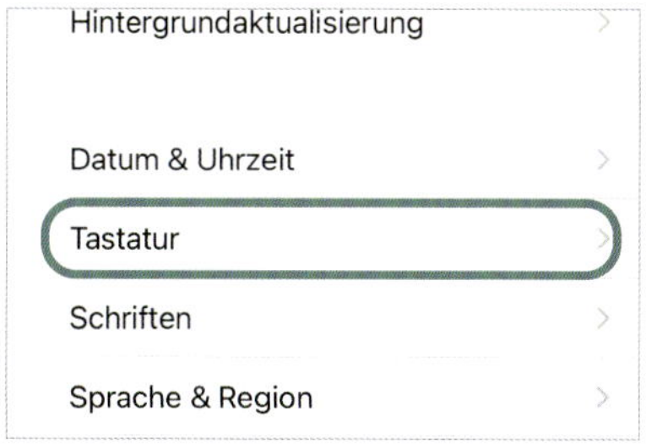

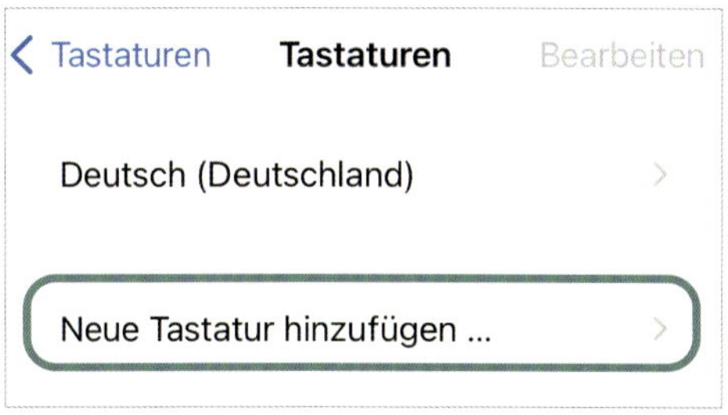

Tippen Sie auf NEUE TASTATUR HINZUFÜGEN.

Wählen Sie die Sprache aus, die Sie zusätzlich einstellen möchten. Sie können entweder mit Ihrem Finger durch die Liste der Sprachen wischen oder die gewünschte Sprache in die Suchleiste eintippen. Tippen Sie anschließend auf die passende Sprache.

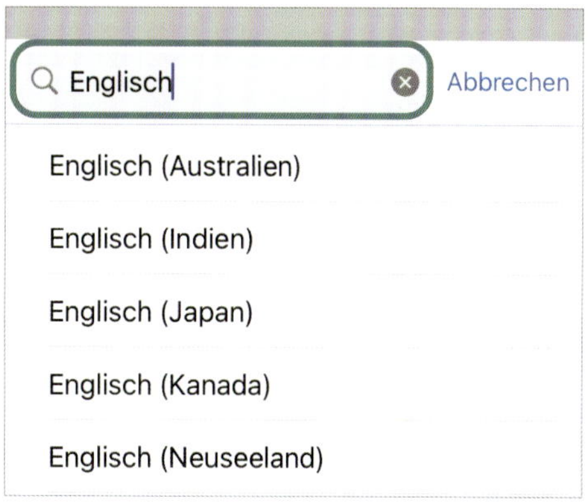

Die ausgewählte Sprache wird nun im Menü TASTATUREN angezeigt.

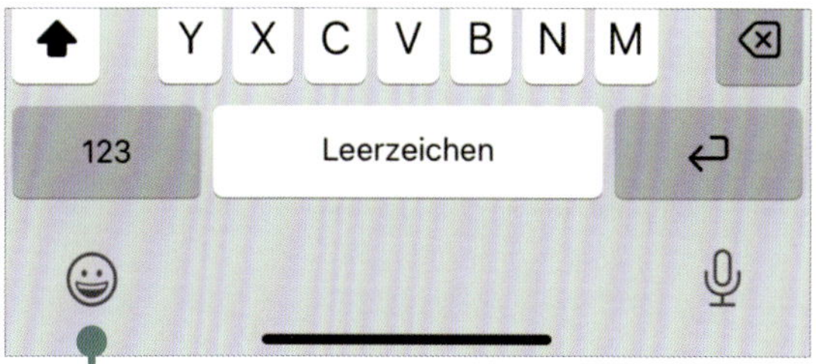

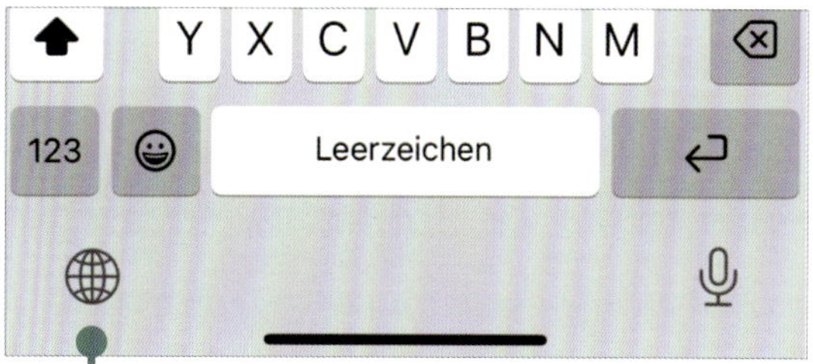

IST DIES GESCHEHEN, WIRD DAS SMILEY-SYMBOL AUF IHRER TASTATUR DURCH EINE KLEINE WELTKUGEL ERSETZT.

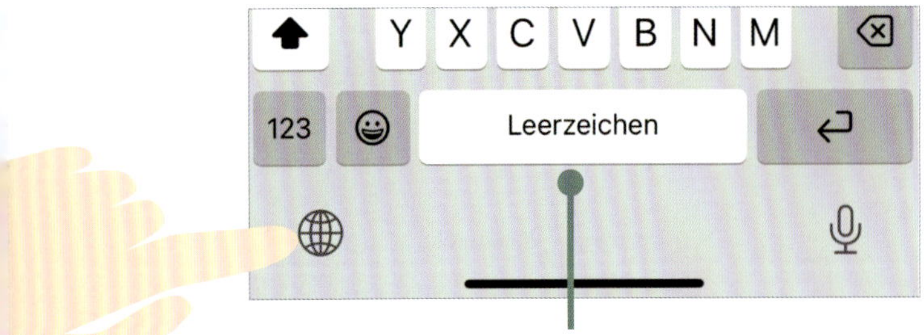

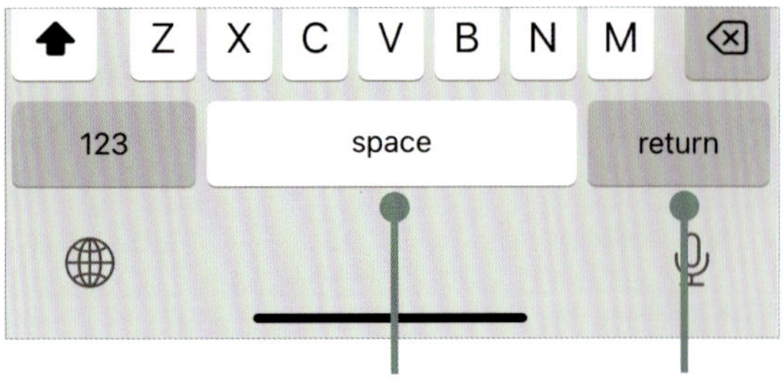

WENN SIE AUF DIE WELTKUGEL TIPPEN, WIRD DER TEXT VON DEUTSCH AUF ENGLISCH UMGESTELLT.

Tipp: Beim Wechsel der Sprache auf der iPhone-Tastatur passen sich die Wortvorschläge automatisch an, basierend auf Ihrem Tippverhalten. So können Sie schneller und präziser in der gewählten Sprache schreiben.

DIE IPHONE-TASTATUR IM VERGLEICH ZU WHATSAPP ODER ALTERNATIVEN MESSENGER-DIENSTEN

Vielleicht haben Sie schon einmal von WhatsApp gehört – einem beliebten Kommunikationsdienst, mit dem Sie ganz einfach Nachrichten, Bilder und Videos an Familie und Freund*innen senden können. Viele Menschen nutzen WhatsApp, um in Kontakt zu bleiben. Vielleicht möchten auch Sie in Zukunft diesen Dienst ausprobieren oder auch Alternativen wie Signal oder Threema.

In diesem Ratgeber konzentrieren wir uns jedoch zunächst auf die Grundfunktionen und daher auch auf die iPhone-Tastatur, die Sie beispielsweise beim Schreiben von SMS-Nachrichten verwenden. Wenn Sie WhatsApp oder eine Alternative nutzen möchten, werden Sie feststellen, dass die Tastatur etwas anders aussieht als die iPhone-Tastatur, die wir hier erklären. Dennoch sind alle wichtigen Funktionen vorhanden, auch wenn sie sich teilweise an einer anderen Stelle befinden.

Um Ihnen den Einstieg in WhatsApp zu erleichtern, haben wir kleine Erklärvideos erstellt, die die wichtigsten Schritte und Funktionen anschaulich erklären. Diese Videos können Sie sich jederzeit auf unserer Lerninsel ansehen. Eine Erklärung, was die sogenannten Messenger-Dienste wie WhatsApp, Signal oder Threema sind, finden Sie im Kapitel 11: Internet- & App-Tipps.

Wir wünschen Ihnen viel Erfolg und Freude beim Kennenlernen Ihres iPhones!

QR-CODE

ENTDECKEN SIE UNSERE WHATSAPP-ERKLÄRVIDEOS

Möchten Sie WhatsApp einfach und verständlich kennenlernen? Unsere kurzen Erklärvideos führen Sie Schritt für Schritt durch die wichtigsten Funktionen – vom Versenden von Nachrichten bis hin zum Teilen von Fotos und Videos.

AKTIV MIT MEDIEN

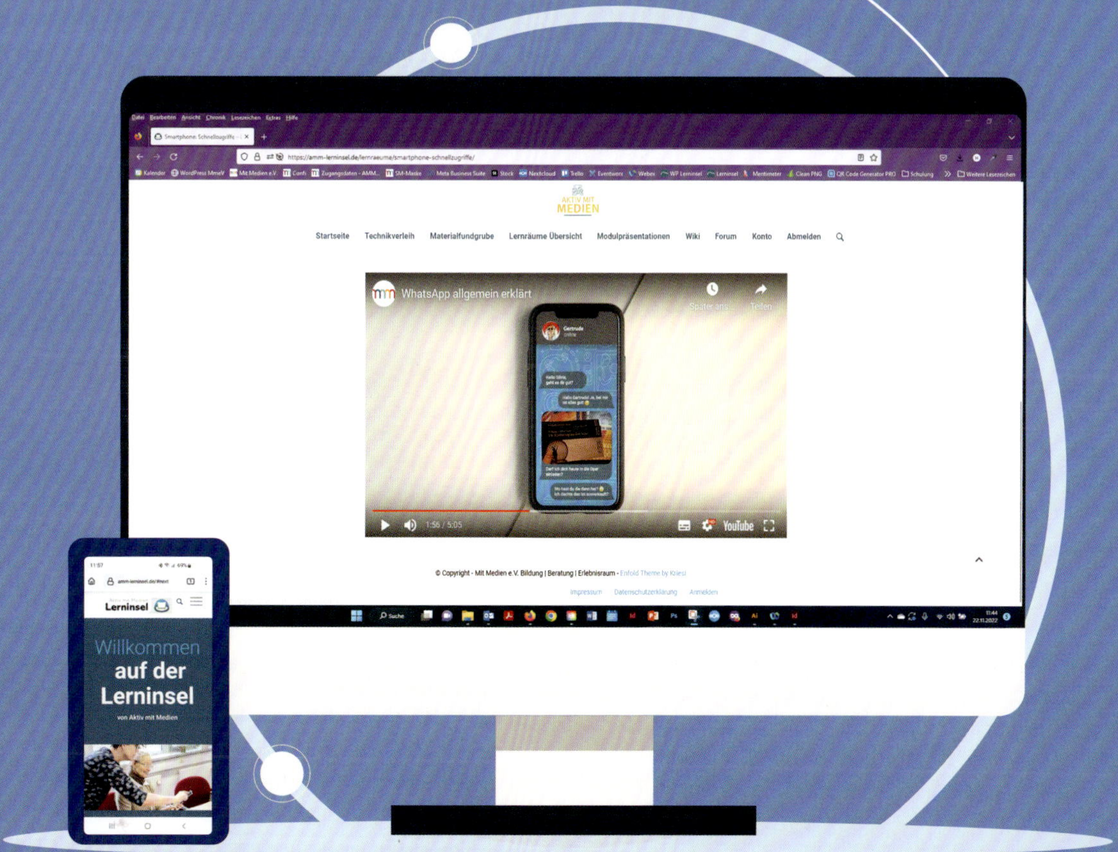

www.amm-lerninsel.de/amm-whatsapp-erklaervideos/

5. DIE ERSTEN SCHRITTE NACH DEM KAUF

Wer sich zum ersten Mal ein iPhone kauft und dieses einrichtet, muss zu Anfang bestimmte Handhabungen durchführen, ohne die das Gerät nicht verwendet werden kann. Wir zeigen Ihnen in dieser Anleitung, was Sie wissen und beachten sollten, zum Betriebssystem iOS.

5.1 DIE EINRICHTUNGSASSISTENZ DES IPHONES

Als erstes sollten Sie wissen, dass iPhones heutzutage ziemlich schlau sind. Dies bedeutet, dass, sobald Sie Ihr Gerät das erste Mal starten, eine Art Einrichtungsassistenz Sie durch die Einrichtung geleitet. Dies ist ein großer Vorteil, da Sie sich so nicht alles selbst erarbeiten müssen. In welcher Reihenfolge die Einrichtung abläuft, ist von Gerät zu Gerät unterschiedlich, d.h., dass die nachfolgenden Punkte nicht in dieser Anordnung erfolgen müssen. Auch die Beispielbilder können bei jedem Gerät etwas anders aussehen, sind in der Regel aber recht ähnlich.

5.2 SIM-KARTE EINLEGEN

Um Ihr iPhone nutzen zu können, brauchen Sie eine SIM-Karte. Diese ermöglicht Ihnen z.B. das Telefonieren und beinhaltet Ihre Telefonnummer. Suchen Sie in Ihrer kurzen Anleitung, die beim Kauf Ihres iPhones dabei sein sollte, wo genau die SIM-Karte hineingesteckt wird. Meistens ist dies eine Klappe am iPhone. Beim Kauf des Gerätes ist eine kleine Nadel dabei (siehe Bild 1), mit dieser Sie in ein winziges Loch piksen müssen, um ein kleines Schubfach zu öffnen. Schieben oder legen Sie dort die SIM-Karte hinein und schließen Sie das Fach.

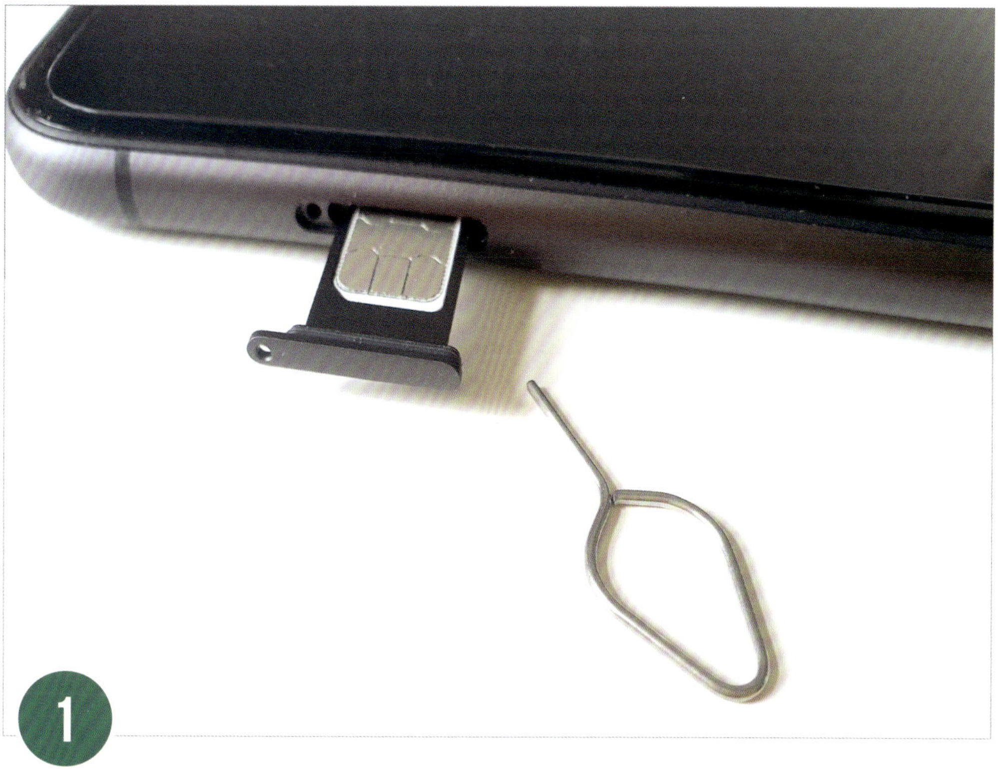

5.3 PIN EINGEBEN

Sobald Sie Ihre SIM-Karte im Gerät haben und diese anschalten, wird Sie Ihre Einrichtungsassistenz nach Ihrer PIN-Nummer fragen. Diese ist zu Anfang festgelegt und liegt den Vertragsunterlagen des Mobilfunkanbieters beim Kauf Ihres iPhones bei. In den Einstellungen Ihres iPhones können Sie später eine andere Zahlenkombination für Ihr Gerät festlegen.

v. l. n. r.
Anja Fischer und Sandra Harkensee
von Aktiv mit Medien

Neue Nachricht

Von: INFO-BOX

Betreff: Was passiert bei zu oft falsch eingegebenem SIM-Karten-PIN?

Wenn Sie Ihre SIM-Karten-PIN aus Versehen drei Mal falsch eingegeben haben, ist Ihr iPhone für den Gebrauch gesperrt. Um die SIM-Karte zu entsperren, ist es unerlässlich, die PUK-Nummer zu verwenden, die in den Unterlagen Ihres Mobilfunkanbieters zu finden ist. Heben Sie sich die PUK-Nummer gut auf, da dies schon einmal versehentlich vorkommen kann. Die PUK-Nummer besteht meist aus 8 Ziffern.

SENDEN

5.4 DIE AUSWAHL DER SPRACHE

Zu Anfang werden Sie aufgefordert, sich für eine Sprache zu entscheiden. Wählen Sie hierfür die für Sie richtige Sprache aus und tippen Sie auf OK/WEITER/STARTEN! Manchmal müssen Sie auch einen Haken antippen, um zum nächsten Schritt zu gelangen.

5.5 AGB's AKZEPTIEREN

Wenn Sie dazu aufgefordert werden die "Allgemeinen Geschäftsbedingungen" – kurz AGB's zu akzeptieren, müssen Sie meist ein kleines Häkchen auf dem Bildschirm Ihres iPhones antippen. Ohne das Akzeptieren der AGBs können Sie das iPhone nicht nutzen! Trotzdem ist es wichtig, sich die AGBs zumindest kurz anzuschauen, bevor Sie auf AKZEPTIEREN tippen.

5.6 DIE EINRICHTUNG DES INTERNETS

Ohne das Internet geht an Ihrem iPhone fast gar nichts, da für die Einrichtung Ihres Gerätes ein Internetzugang erforderlich ist. Dies bedeutet, dass Sie vermutlich als einer der ersten Schritte dazu aufgefordert werden, sich mit einem WLAN-Netzwerk oder mit Ihren mobilen Daten der SIM-Karte zu verbinden. Falls Sie keinen Internetzugang haben, können Sie auch auf das Feld ÜBERSPRINGEN tippen und entweder das Internet später einrichten oder die Funktionen nutzen, welche auch ohne Internet funktionieren, wie z.B. Telefonieren oder SMS schreiben. PS: Im Kapitel 6 erfahren Sie genau, wie das Internet an Ihrem iPhone eingerichtet wird.

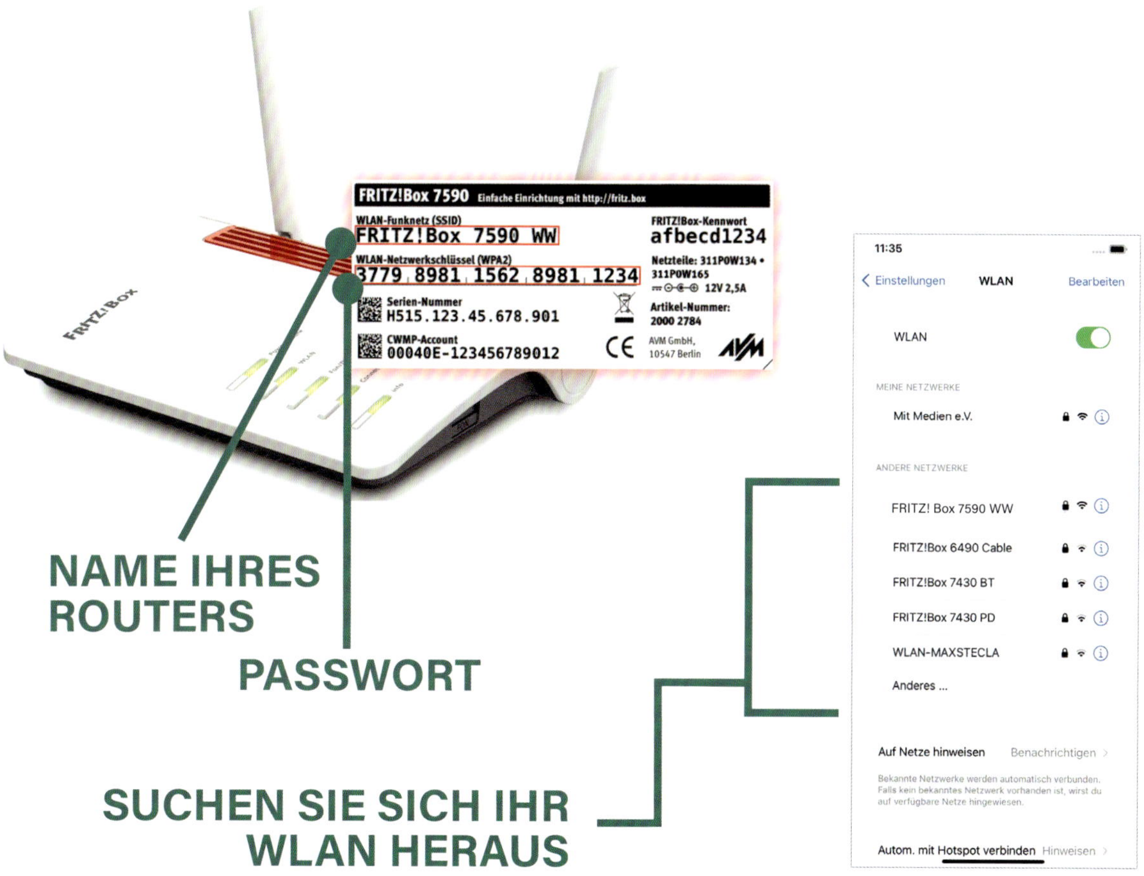

Neue Nachricht

Von: INFO-BOX

Betreff: Was ist der Unterschied zwischen WLAN und Mobilen Daten?

Früher hat man den Computer über das Internetkabel (LAN-Kabel) mit dem Internet verbunden. Heutzutage reicht es aus, den Computer mit dem WLAN zu verbinden. Das Internet wird dann quasi kabellos mit Ihrem Gerät verbunden. Dies geht nicht nur am Computer, sondern auch am iPhone, da die Geräte gar keinen LAN-Kabel-Anschluss besitzen. Die Voraussetzung hierfür ist ein Internetvertrag mit einem Internetanbieter Ihrer Wahl, wie z.B. Telekom, Vodafone, 1&1 usw., die Ihnen dann einen Internetzugang in Ihrem Haus freischalten. Nachteil daran: Das WLAN kann nur von zu Haus aus genutzt werden.

MOBILE DATEN können Sie zum iPhone dazu kaufen. Dies bedeutet, dass Sie entweder einen Vertrag mit einem Internet-/Telefonanbieter eingehen (z.B. wie die eben genannten) oder sich Ihr iPhone mit einem Prepaid-Guthaben (auf Deutsch: Vorauszahlung) aufladen. Bei einem iPhone-Vertrag empfiehlt sich eine Flatrate (Englisch für: Pauschalpreis) abzuschließen. Hierbei zahlen Sie dann monatlich einen bestimmten Betrag für die Nutzung von Internet und Telefon. Bei der Prepaid-Variante laden Sie Ihr Gerät mit einer bestimmten Geldsumme auf, die für die Abrechnung von Gesprächen, sowie mobilem Internet genutzt werden kann. Der Vorteil von Mobilen Daten ist, dass – egal wo Sie sich auf der Welt befinden –, Ihr Telefon und das Internet von Ihnen genutzt werden können. Doch Achtung vor Kostenfallen im Ausland: Außerhalb der EU gilt Ihr mit dem Telefonanbieter festgelegter Mobilfunkvertrag, nicht.

SENDEN

5.7 BENUTZERKONTO ANLEGEN

Hierbei müssen Sie, wie schon im Kapitel 2 beschrieben, zwischen den einzelnen Betriebssystemen unterscheiden. Da dieser Ratgeber das Betriebssystem iOS thematisiert, wird die Beschreibung das Anlegen eines Apple-Kontos – die sogenannte "Apple-ID" – beschreiben.

APPLE-ID ANLEGEN

Eine Apple-ID besteht aus einer E-Mail-Adresse und einem Passwort und ist kostenlos. Bewahren sie Ihre Zugangsdaten gut auf, damit Sie im Falle eines Wechsels des iPhones, Ihr Benutzerkonto wieder nutzen können. Unter folgender URL können Sie herausfinden, ob Sie evtl. schon eine Apple-ID besitzen, falls dies nicht Ihr erstes iPhone ist oder Sie einen PC oder einen Laptop der Marke Apple haben, mit diesem Sie ggf. schon bei Apple angemeldet sind:

▶ **https://iforgot.apple.com/appleid**

Mit der Apple-ID können Sie sich bei Apple-Diensten, wie den App Store (Ihr digitaler Einkaufsladen, siehe Kapitel 9), Apple Music (Anbieter zum Abspielen von Musik über das Internet), iCloud (u.a. ein Internetspeicherplatz), FaceTime (Videotelefonie für Apple-Geräte) usw., anmelden. Für die Apple-ID müssen Sie sich einen E-Mail-Namen und ein Passwort überlegen. Außerdem müssen Sie noch Ihren Namen, das Geburtsdatum und eine Telefonnummer angeben (siehe nächste Seite). Die E-Mail-Adresse der Apple-ID können Sie natürlich auch für das normale Senden und Empfangen von E-Mails nutzen.

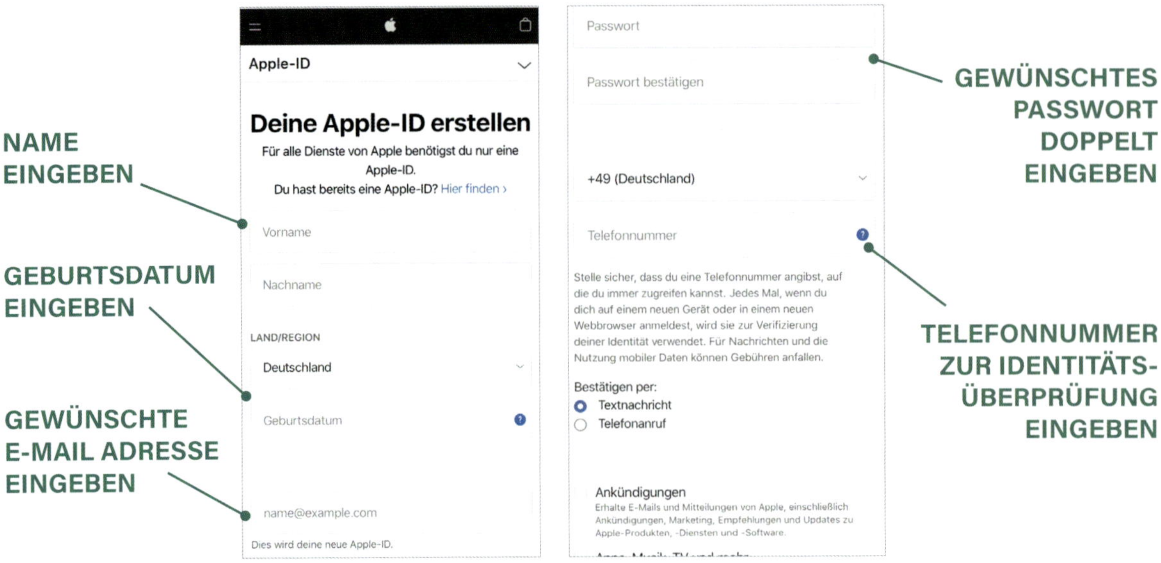

Neue Nachricht

Von: INFO-BOX

Betreff: Datenschutz bei einer Anmeldung: Wichtige Hinweise

Wenn Sie Ihre Apple-ID nur verwenden möchten, um Apps auf Ihrem iPhone herunterzuladen und es im Alltag zu nutzen, müssen Sie Ihren echten Namen nicht unbedingt angeben. Möchten Sie allerdings auch die E-Mail-Funktion nutzen und Ihre E-Mail-Adresse namentlich nach sich benennen, dann schon.

SENDEN

Haben Sie diese Schritte alle bewältigt, führt Sie Ihre Einrichtungsassistenz auf die Startseite Ihres iPhones. Auf Ihrer Startseite können Sie sich alle wichtigen Apps und Funktionen zusammenstellen, welche Sie für Ihren täglichen Gebrauch nutzen möchten. Auch können Sie an Ihrem iPhone noch allgemeine Funktionen einstellen/ändern wie z.B. die Schriftgröße oder auch die Bildschirmhelligkeit (siehe nächstes Kapitel).

ICH HABE IMMER
DEN DURCHBLICK.
AUCH DIGITAL!

6. GRUNDEINSTELLUNGEN AM GERÄT

6.1 SYMBOLE UND TASTEN DES IPHONES

Nun liegt also ein neu eingerichtetes iPhone auf Ihrem Tisch. Vielleicht merken Sie schnell, dass dies einige Schwierigkeiten zu Anfang mit sich bringt. Beispielsweise wird Ihr Bildschirm schon nach einigen Sekunden schwarz oder die Schriftgröße ist viel zu klein eingestellt. Hier erfahren Sie, wie Sie vor dem ersten Gebrauch des iPhones wichtige Einstellungen vornehmen, um die Möglichkeiten des Gerätes im vollen Umfang nutzen zu können. Doch zu Anfang gilt es, erst einmal die Tasten und weitere Symbole des Gerätes kennen zu lernen.

a) Lautstärkeregler

Dieser dient zum Anpassen der Klingelton- oder Medienlautstärke. Es handelt sich um zwei kleine aneinanderliegende Knöpfe (oben laut, unten leise).

b) An- und Aus-Knopf

Dieser ist meist oben oder an der Seite. Diese Taste dient bei längerem Druck zum Ein- und Ausschalten des Geräts. Bei einfachem Druck wird der Bildschirm gesperrt (wird schwarz) und in den Ruhemodus versetzt (Englisch: Standby-Modus).

c) Frontkamera

Die Kamera eignet sich beispielsweise zur Videotelefonie oder für das Fotografieren sogenannter Selfies. Eine weitere Kamera befindet sich auf der hinteren Seite des iPhones.

d) Home-Button/Task-Manager

Der Home-Button hat gleich mehrere Funktionen. Er ist nämlich zusätzlich auch der sogenannte Task-Manager.

Über das Tippen des **HOME-BUTTONS** (Englisch für: Zuhause-Knopf) gelangen Sie auf den Startbildschirm zurück. Bei "älteren" iPhones (bis zum iPhone 8), gibt es einen richtigen Knopf am unteren Rand des Bildschirms, den Sie einmal drücken müssen. Bei neueren Modellen wird dieser Knopf durch eine Wischgeste ersetzt. Wenn Sie sich beispielsweise in einer App befinden und zurück zum Startbildschirm gelangen möchten, müssen Sie recht schnell vom unteren Rand des Bildschirms nach oben wischen. Dadurch wird die App geschlossen und Sie gelangen wieder "nach Hause".

Der **TASK-MANAGER** ist eine Funktion auf Ihrem iPhone, die es ermöglicht, zwischen verschiedenen geöffneten Apps schnell zu wechseln. Durch den Task-Manager können Sie nahtlos zwischen den zuletzt verwendeten Apps hin- und herschalten, ohne dass sie jedes Mal neu starten zu müssen. Auch hier gibt es wieder Unterschiede, je nachdem wie "alt" Ihr Gerät ist. Haben Sie noch einen richtigen Knopf und drücken diesen zwei Mal schnell hintereinander, öffnet sich der Task-Manager. Haben Sie keinen Knopf mehr, wischen Sie langsam vom unteren Rand Ihres Bildschirmes nach oben. Sind Sie im Task-Manager angelangt, können Sie ebenfalls mit Ihrem Finger durch

Wischbewegungen können vor allem am Anfang kompliziert sein. Deswegen gibt es von Apple Bedienungshilfen, die man einschalten kann (siehe die nächste Infobox).

e) Lautlos-Schalter

Der kleine Schalter, der sich über dem Lautstärkeregler befindet, ermöglicht ein einfaches Stummschalten des iPhones. Dies kann hilfreich sein, wenn Ihr iPhone für eine Zeit lang stumm bleiben soll, wie beispielsweise im Wartezimmer bei Ihrer Ärztin oder Ihrem Arzt. Vergessen Sie allerdings nicht den Stumm-Modus wieder auszuschalten, sonst klingelt Ihr iPhone bei einer Benachrichtigung oder bei einem Anruf nicht.

f) Seitenanzeige

Die Punkte zeigen an, wie viele Seiten es zusätzlich zur Startseite auf Ihrem iPhone gibt. Mit leichtem Wischen Ihres Fingers von links nach rechts (oder umgekehrt) gelangen Sie auf die anderen Seiten (siehe Kapitel 3, Seite 12: iPhone-Seiten ändern).

g) Statusleiste

In der Statusleiste finden Sie Informationen, wie den Akkustand, ob Sie mit dem WLAN verbunden sind und wie gut die Verbindung (sowohl Mobile Daten als auch WLAN) ist. Links steht meistens noch die Uhrzeit.

Neue Nachricht

Von: INFO-BOX

Betreff: AssistiveTouch aktivieren

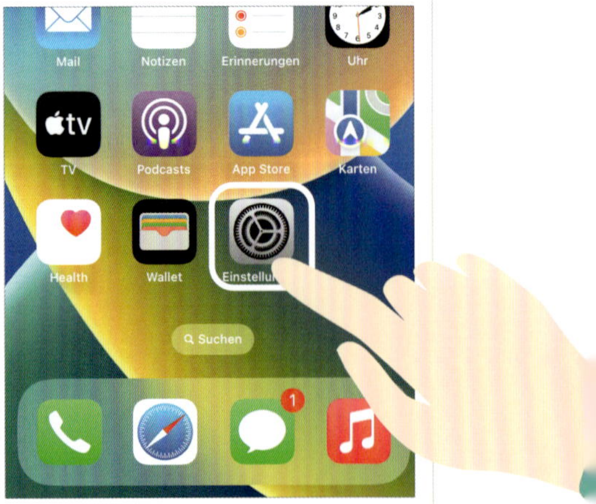

AssistiveTouch ist eine Funktion, die auf verschiedenen mobilen Geräten wie z.B. iPhones von Apple verfügbar ist. Es handelt sich um eine spezielle Bedienungshilfe, die Sie dabei unterstützt, Ihr Gerät einfacher zu bedienen.

1. Öffnen Sie die EINSTELLUNGEN Ihres iPhone (App mit dem Zahnrädchen).

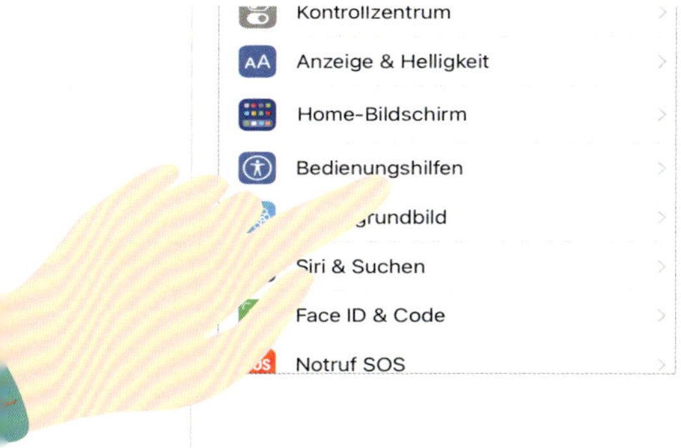

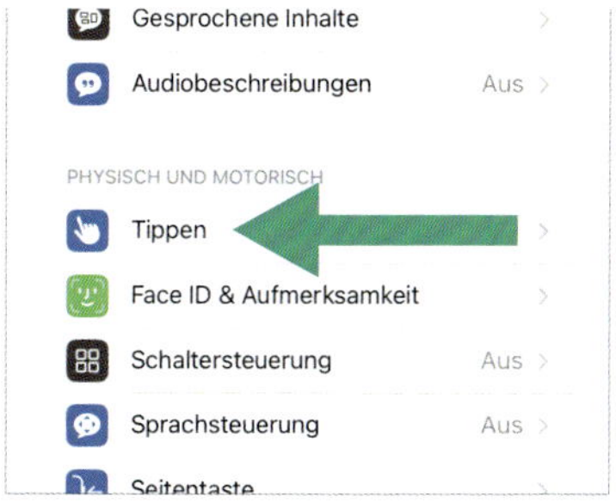

2. Das Feld BEDIENUNGSHILFEN antippen und TIPPEN auswählen.

3. Tippen Sie bei ASSISTIVETOUCH auf den kleinen Schalter, um diesen zu aktivieren. Dieser leuchtet dann grün auf.

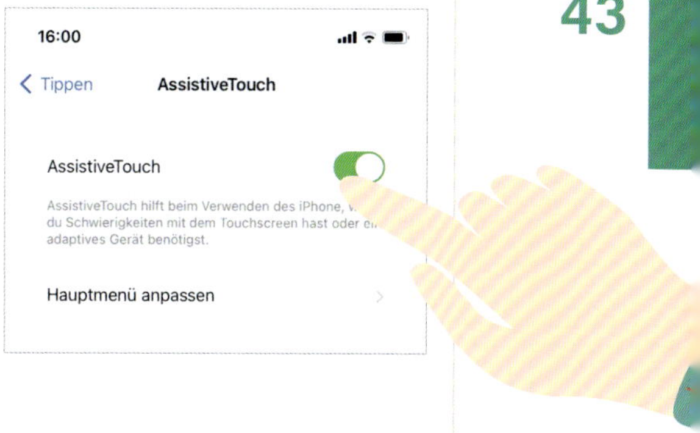

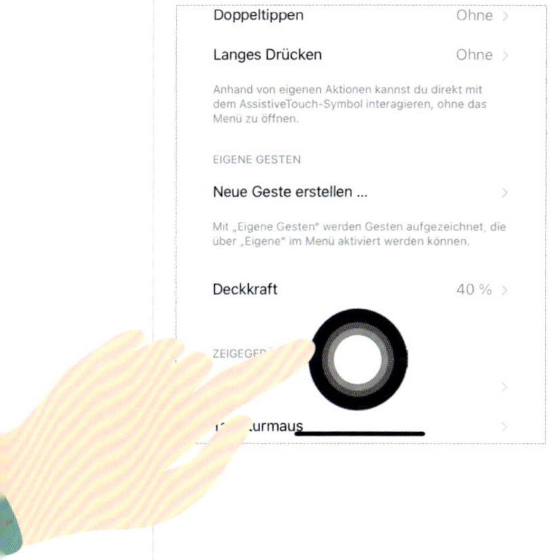

Dadurch erscheint ein kleiner runder Kreis auf Ihren Bildschirm. Bei langsamem Ziehen des Kreises können Sie diesen beliebig verschieben und auf dem Bildschirm platzieren , wo es Ihnen am besten passt. Den Kreis können Sie wie den Home-Button verwenden, um wieder auf die Startseite zurückzugelangen.

Bei EIGENE AKTIONEN können Sie einzelne Aktionen dazu bestimmen. Wir empfehlen Ihnen die Aktion EINFACHTIPPEN als "Home-Button" zu verwenden. Weitere Aktionen könnten beispielsweise bei DOPPELTIPPEN das Öffnen der Kamera sein oder vieles Weiteres. Lassen Sie sich einfach von der Liste inspirieren, die sich öffnet, wenn Sie darauf tippen.

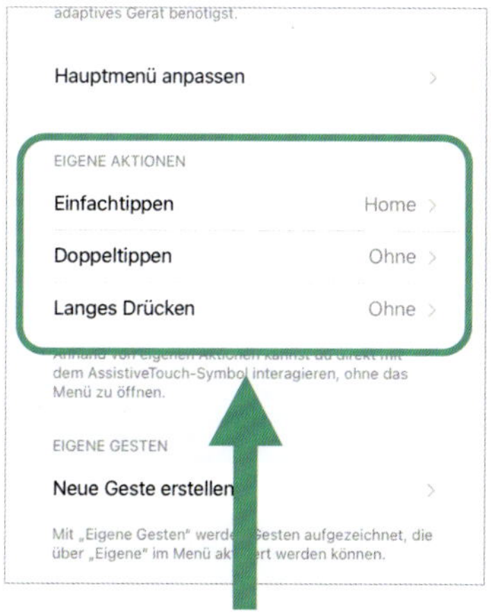

6.2 SCHNELLEINSTELLUNGEN

Schnelleinstellungen sind, wie schon in Kapitel 3 erklärt, über die Statusleiste zu erreichen und erleichtern das Steuern wichtiger Funktionen. Um zu diesen zu gelangen, wischen Sie je nach iPhone Modell entweder vom oberen oder unteren Rand in die entgegengesetzte Richtung. Jetzt können Sie die Symbole durch Tippen an- und ausschalten. Die Symbole sind ausgeschaltet grau hinterlegt und angeschaltet farbig markiert. Im Folgenden werden Ihnen die wichtigsten Schnelleinstellungen erklärt.

ENTWEDER VON OBEN RECHTS NACH UNTEN ODER VON UNTEN NACH OBEN WISCHEN.

a) Flugmodus

Jedes iPhone oder nahezu jedes andere elektronische Gerät sendet Funkwellen aus, ganz egal, ob Sie es gerade nutzen oder nicht. Diese können empfindliche Geräte, etwa im Flugzeug, stören. Deswegen ist dort das Aktivieren des FLUGMODUS (alternativ auch: Offline-Modus oder Flugzeugmodus genannt) vorgeschrieben. Durch den Flugmodus werden sämtliche Kommunikations-Schnittstellen des Gerätes deaktiviert – die weiteren Funktionen bleiben aktiv. Konkret: WLAN & Mobile Daten (Internet), Ortung (GPS) und Bluetooth können nicht mehr genutzt werden. Ist der Flugmodus aktiviert, können Sie nicht mehr telefonieren oder angerufen werden, keine Nachricht versenden oder empfangen und Sie haben keinen Internetempfang mehr. Auf der anderen Seite ist der Modus nützlich, wenn man nicht gestört werden will (z.B. im Kino oder beim Schlafen). Aber Sie dürfen nicht vergessen, ihn danach wieder auszuschalten, da Sie sonst nicht erreichbar sind.

b) Mobile Daten

Eine mobile Datenverbindung läuft nur über eine SIM-Karte mit einem Mobilfunkanbieter (z.B. 1&1, Telekom, Vodafone, Aldi Talk). Zusätzlich gibt es bei einer mobilen Datenverbindung eine begrenzte Datenmenge (z.B. 4 GB, 8 GB, 16 GB). GB steht hierbei für das englische Wort "Gigabyte". Hierbei können Sie von überall (auch unterwegs) ins Internet oder Apps, wie bspw. WhatsApp oder die Bahn-App nutzen. **Hinweis:** Bei einer durchschnittlichen Nutzung mit z.B. Nachrichten schreiben, sich navigieren lassen usw., sind 2-4 GB im Monat völlig ausreichend.

c) Bluetooth

Bluetooth (man liest: Blutuuf) lässt sich mit einem Funksignal vergleichen. Es ist eine kabellose Übertragungsmöglichkeit von bspw. Dateien, Bildern oder Audionachrichten zu anderen Geräten. Die Reichweite beträgt maximal zehn Meter. Bluetooth wird z.B. für kabellose Kopfhörer benötigt oder auch, wenn Sie eine Freisprechanlage in Ihrem Auto eingebaut haben, um mit Ihrem iPhone telefonieren zu können.

d) Airdrop

Airdrop (man liest: Ärdrop) ist eine spezifische Funktion, die von Apple-Geräten wie z.B. iPhones unterstützt wird. Es ermöglicht den drahtlosen Dateiaustausch zwischen diesen Apple-Geräten. Mit AirDrop können Sie Fotos, Videos, Webseiten, Standorte oder andere Inhalte an andere in der Nähe befindliche Apple-Geräte senden, wie dies auch bei Bluetooth geht. Der Unterschied zu Bluetooth besteht darin, dass Airdrop eine schnellere Übertragungsgeschwindigkeit ermöglicht und den Austausch größerer Dateien, wie Fotos, Videos und Dokumente erleichtert. Es bietet auch zusätzliche Sicherheits- und Datenschutzfunktionen, da Sie die Sichtbarkeit Ihres Geräts steuern können und nur Dateien von bestimmten Personen empfangen können. Für AirDrop müssen sowohl WLAN als auch Bluetooth aktiviert sein. Wir empfehlen diese Funktion erst dann anzuschalten und auszuprobieren, wenn Sie sich mit den anderen Einstellungen und Funktionen schon relativ sicher fühlen.

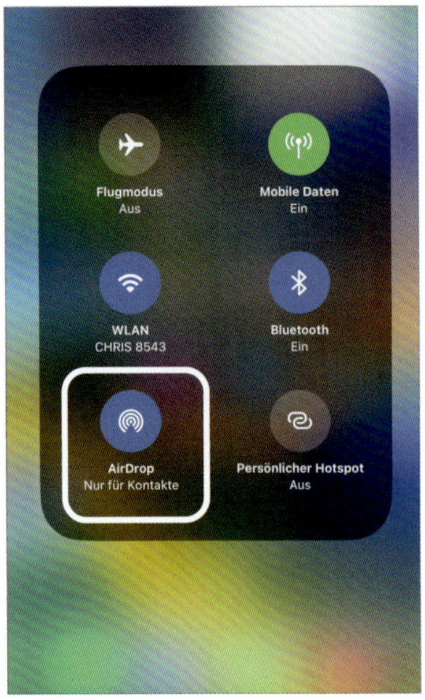

AirDrop ist ein bisschen versteckt. Um diese Funktion zu finden, bleiben Sie mit Ihrem Finger lang auf dem Feld der Schnelleinstellungen, bis sich dieses öffnet und Ihnen weitere Funktionen angezeigt werden.

e) WLAN

WLAN (man liest: W Lan) ist eine kabellose Verbindung mit dem Internet. Früher wurde der Computer per LAN-Kabel mit dem Internet verbunden, heute wird dafür meist WLAN genutzt. Per WLAN können Sie z.B. Ihr iPhone mit dem Internet verbinden. WLAN können Sie Zuhause nutzen, falls Sie einen Vertrag mit einem Internetanbieter abgeschlossen haben (z.B. 1&1, Telekom, Vodafone) oder unterwegs an bestimmten "Hotspots" (Englisch für: öffentliche drahtlose Internetzugangspunkte), meist in Einrichtungen wie Hotels, in den Zügen der Deutschen Bahn, Bibliotheken oder großen öffentlichen Plätzen. Wählen Sie sich bei vertraulichen persönlichen Daten (z.B. Online-Banking) nur in passwortgeschützte WLAN-Netze ein. Freie WLAN-Netze sind nicht sicher. Diese können Sie zwar nutzen, z.B. für die Navigation oder um etwas im Internet zu suchen, doch sollten Sie von diesen Netzwerken aus keine Bankgeschäfte erledigen. Hierbei könnten Daten gestohlen werden. Beachten Sie allerdings, dass der Begriff "WLAN" in den meisten Ländern nicht genutzt wird, obgleich es dem Englischen entlehnt ist. Wenn Sie im Ausland WLAN nutzen, greifen Sie zu dem Begriff "WiFi" (man liest: Weifei).

6.3 WLAN EINSTELLEN

Wenn Sie WLAN aktiviert haben, stellt Ihr Gerät automatisch eine Verbindung zu WLANs in der Nähe her, mit denen das iPhone schon einmal verbunden war. Auch stellt es sich von allein auf Mobile Daten um, wenn kein WLAN in der Nähe ist. Voraussetzung ist allerdings, dass Sie sich zuerst einmal das vorhandene WLAN einrichten müssen, bevor es sich automatisch verbindet. Hierfür gibt es zwei unterschiedliche Wege, welche Sie gehen können. Beide führen zum selben Ziel. Generell führt der Weg aber immer über die Einstellungen Ihres Gerätes.

1. WEG: Sie können über die Einstellungen Ihres iPhones gehen. Hierfür müssen Sie das Zahnrad-Symbol antippen, welches auf der Startseite Ihres iPhones zu finden ist. Tippen Sie dann auf WLAN. Der Schalter muss grün hinterlegt sein, wenn WLAN aktiviert ist. Tippen Sie ihn hierfür einmal kurz an.

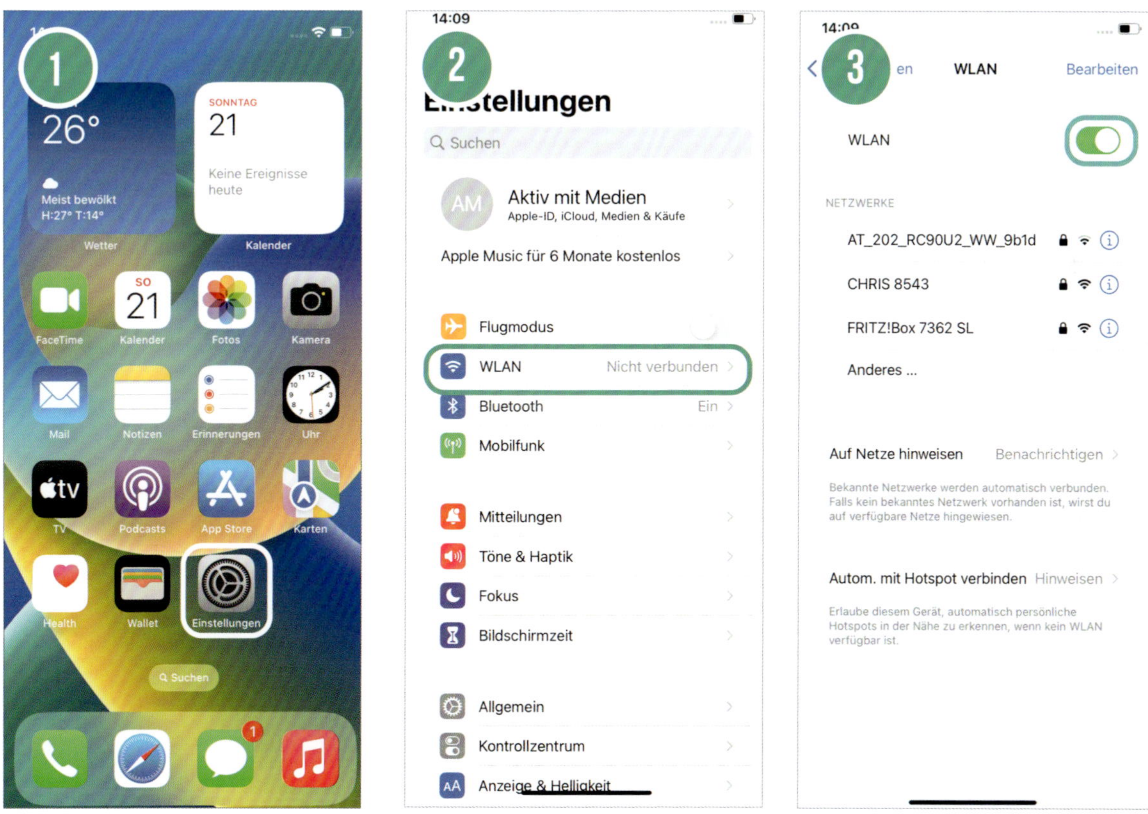

2. WEG: Der einfachere Weg ist, wenn Sie mit Ihrem Finger so lange leicht auf das WLAN-Symbol in den Schnelleinstellungen tippen bzw. leicht drücken, bis sich diese wieder öffnen wie zuvor beim Thema Air-Drop. Tippen Sie ein weiteres Mal lange auf das WLAN-Symbol, öffnet sich ein neues Feld. Wenn Sie hier nun unten WLAN-EINSTELLUNGEN antippen, werden Sie automatisch vom iPhone weitergeleitet.

Sie können auch direkt auf den richtigen Namen des WLANs tippen und Sie landen direkt bei der Passworteingabe.

a) WLAN aktivieren

Wie schon erwähnt, landen Sie beide Male in den EINSTELLUNGEN bei dem Unterpunkt WLAN. Nun müssen Sie den kleinen Schalter, falls dieser nicht aktiviert sein sollte, aktivieren. Dies erkennen Sie wie folgt: Wenn der Schalter grau hinterlegt ist, ist er noch nicht aktiv und es wird Ihnen kein WLAN-Netzwerk darunter angezeigt. Leuchtet er grün, ist er aktiviert und es werden Ihnen verschiedene WLAN-Netzwerke angezeigt, welche sich in Ihrer Nähe befinden.

b) WLAN suchen

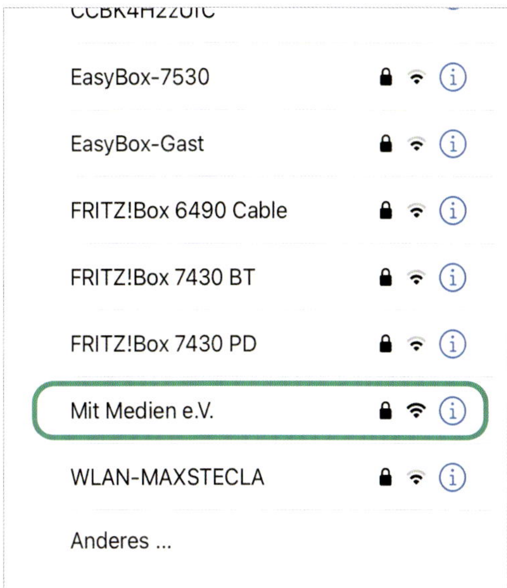

Im nächsten Schritt benötigen Sie den Namen des WLANs, mit dem Sie sich verbinden wollen. Suchen Sie sich aus der Liste der unterschiedlichen WLANs, welche Ihnen angezeigt werden, das Richtige heraus und tippen Sie es an. In diesem Fall ist es das WLAN unseres Vereins: Mit Medien e.V.

c) Passwort eingeben

Es öffnet sich ein neues Feld. Hier müssen Sie das richtige Passwort für Ihr WLAN-Netzwerk eingeben.

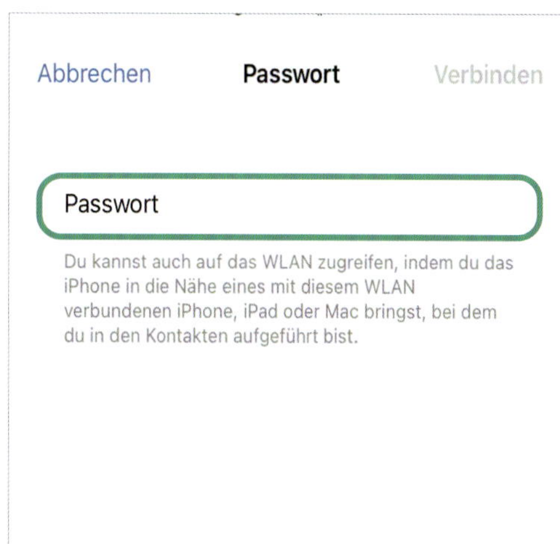

Neue Nachricht

Von: INFO-BOX

Betreff: Passwort eingeben

Aus Sicherheitsgründen kann das Passwort bei iPhones nicht angezeigt werden. Deswegen müssen Sie darauf achten, dass Passwort korrekt einzutippen. Lieber langsam, aber sicher!

SENDEN

d) Passwort überprüfen

Sobald sich Ihr iPhone mit dem WLAN gekoppelt hat, taucht in der Liste ein blauer Haken auf. Somit können Sie immer überprüfen, ob Ihr iPhone gerade mit einem WLAN-Netzwerk verbunden ist.

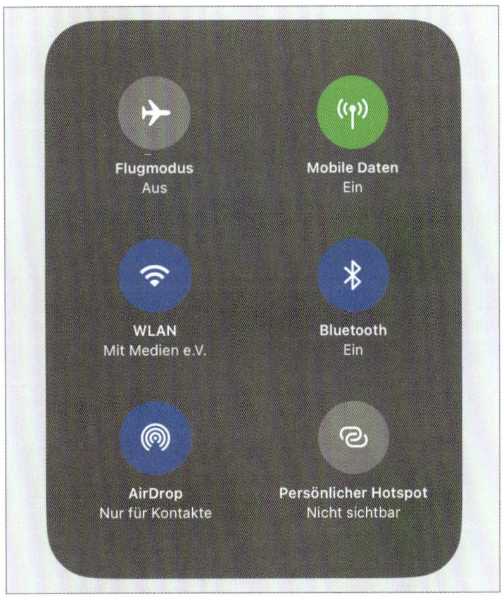

Auch in den Schnelleinstellungen wird ab sofort unter dem WLAN-Symbol der Name des WLANs auftauchen.

6.4 EINSTELLUNGEN IM BETRIEBSSYSTEM

In den Einstellungen, welche Sie durch das Einstellen des WLANs schon kennen, gibt es noch weitere hilfreiche Anwendungen, die Ihnen bei der Bedienung Ihres iPhones im Alltag helfen können. Um zu diesen zu gelangen, tippen Sie auf das Zahnrad in den Schnelleinstellungen oder auf das App-Symbol auf der Startseite, wie im vorherigen Schritt schon beschrieben.

Neue Nachricht

Von: INFO-BOX

Betreff: Was sind eigentlich Apps?

APP ist die Abkürzung des englischen Wortes "Application" und bedeutet nichts anderes als "Programm". Somit sind alle Symbole, welche Sie auf der Startseite Ihres iPhones sehen, nichts anderes als unterschiedliche kleine Programme (siehe auch Kapitel 14: Englische Begriffe).

SENDEN

TEXTGRÖSSE UND AUTOMATISCHE SPERRE ÄNDERN

Das iPhone bietet Ihnen die Möglichkeit, die Textgröße an Ihre Bedürfnisse anzupassen. Wenn Sie Schwierigkeiten haben, den Text auf dem Bildschirm zu lesen, können Sie die Textgröße vergrößern, indem Sie die entsprechenden Einstellungen ändern. Dies erleichtert die Lesbarkeit von Texten in Apps, Nachrichten, E-Mails und anderen Inhalten. Darüber hinaus verfügt das iPhone über eine automatische Bildschirmsperrfunktion. Diese Funktion sorgt dafür, dass sich Ihr iPhone nach einer bestimmten Inaktivitäts-Zeit automatisch sperrt (in den Ruhemodus versetzt), um Ihre Privatsphäre und Sicherheit zu gewährleisten. Diese ist allerdings oft zu kurz eingestellt, so dass das iPhone zu schnell wieder "schwarz" wird.

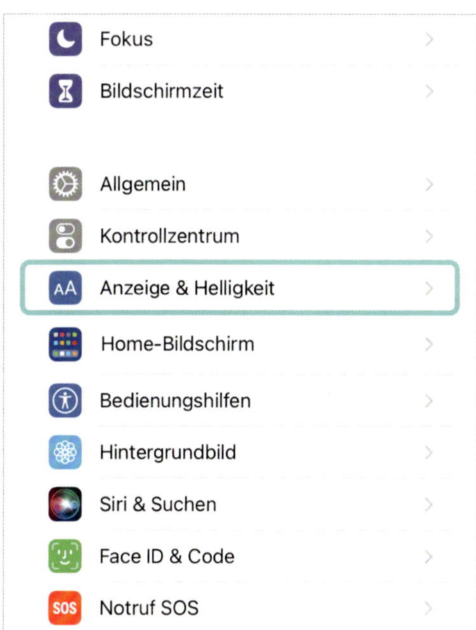

Um diese Einstellungen zu ändern, tippen Sie in den Einstellungen in die Kategorie ANZEIGE & HELLIGKEIT. Dafür müssen Sie mit Ihrem Finger ggf. nochmals vorsichtig auf Ihrem Bildschirm von unten nach oben wischen, damit weitere Kategorien zu sehen sind.

TEXTGRÖSSE

Öffnen Sie nun den Punkt TEXTGRÖSSE. Wählen Sie mit dem Schieberegler (Linie mit Punkt) die gewünschte Größe aus (links für kleinere, rechts für größere Schrift). Anhand eines Beispieltextes können Sie sich entscheiden. Wenn Sie zufrieden sind, können Sie oben links auf Ihrem Bildschrim ZURÜCK antippen. In der Anwendung ANZEIGE & HELLIGKEIT können Sie optional mit dem Schalter unter dem Feld TEXTGRÖSSE auch die Option FETTER TEXT einstellen. Die Schrift wird dadurch kontrastreicher und lesbarer.

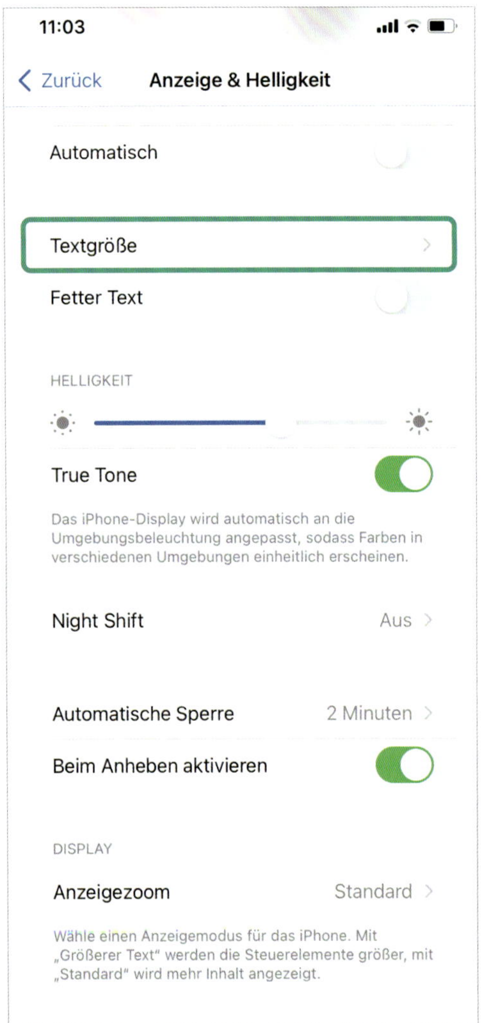

AUTOMATISCHE SPERRE ÄNDERN

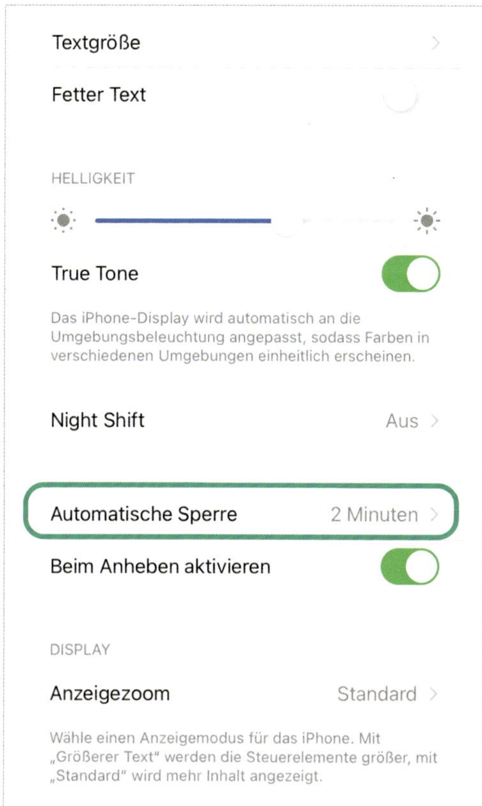

Wenn das Display (auf Deutsch: Bildschirm) von Ihrem iPhone zu schnell ausgeht (also dunkel wird), dann müssen Sie die sogenannte AUTOMATISCHE SPERRE in den Einstellungen ändern bzw. die Dauer erhöhen. Diese kann auf bis zu 5 Minuten erhöht werden oder sogar auf NIE eingestellt werden. Hierfür wählen Sie wieder unter EINSTELLUNGEN die Kategorie ANZEIGE UND HELLIGKEIT. Wischen Sie ggf. nochmals von unten nach oben, um AUTOMATISCHE SPERRE angezeigt zu bekommen und tippen Sie darauf.

Tippen Sie auf die Minuten- bzw. Sekundenanzahl, die Sie für richtig erachten. Um zurückzugelangen, müssen Sie oben links auf ZURÜCK tippen.

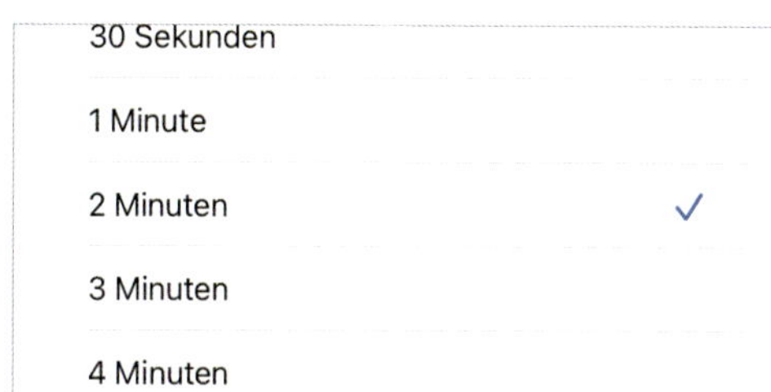

Neue Nachricht

Von: INFO-BOX

Betreff: Automatische Sperre kann mutig gewählt werden

Stellen Sie die automatische Sperre auf bis zu 5 Minuten ein, um genügend Zeit zur Orientierung auf dem Bildschirm zu haben. Wenn Sie Ihr iPhone nicht mehr benötigen, können Sie es jederzeit mit einem Druck des An- und Aus-Knopfes in den Ruhemodus versetzen.

SENDEN

6.5 EINRICHTEN DES "HOME"-BILDSCHIRMS

Der Home-Bildschirm (auf Deutsch: Hauptbildschirm oder auch Startseite), ist die zentrale Schaltstelle eines iPhones. Sie erreichen den Startbildschirm meistens durch Drücken des Home-Knopfs/Symbols oder durch Schnelles Wischen vom unteren iPhone-Rand nach oben (siehe Kapitel 6, Seite 41: Home-Button/Task-Manager). App-Symbole auf der Startseite können Sie selber nach Bedarf anordnen oder auch entfernen. In den folgenden Schritten zeigen wir Ihnen, wie Sie dies an Ihrem eigenen iPhone einstellen können.

a) App-Symbole neu anordnen bzw. verschieben

Wie auf dem Bild der vorherigen Seite zu erkennen, können Sie eine Menge Apps auf das iPhone herunterladen. Diese werden automatisch auf eine freie Stelle Ihres Bildschirmes gelegt. Sie können diese genau in die Reihe legen, wo Sie sie haben wollen.

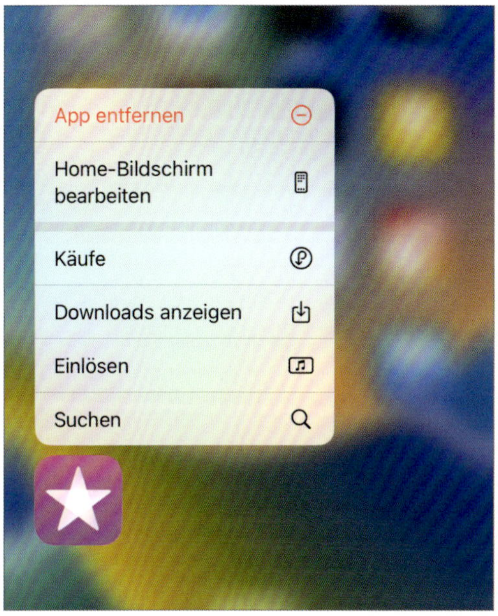

Dafür drücken Sie leicht mit dem Finger so lange auf eine App, bis sich eine Anzeige neben dieser öffnet. Diese kann je nach App etwas unterschiedlich aussehen. Tippen Sie nun auf HOME-BILDSCHIRM BEARBEITEN. **Tipp:** Sind Sie aus Versehen in den sogenannten Bearbeitungsmodus gerutscht, können Sie einfach auf eine leere Stelle auf Ihrer Startseite tippen und Sie gelangen zurück.

Die Apps werden durch ein kleines Minuszeichen oben links gekennzeichnet und zeigen eine leichte Bewegung an ihrem aktuellen Standort – Sie befinden sich im Bearbeitungsmodus. Um eine App zu verschieben, tippen Sie einfach auf die gewünschte App, halten Sie sie leicht gedrückt und ziehen Sie sie an die gewünschte Position.

Falls eine Seite schon voll sein sollte, schieben Sie die App bis an den seitlichen Bildschirmrand und Sie kommen automatisch auf die nächste Seite. Auf diese Weise können Sie verschiedene Seiten thematisch mit Apps auffüllen und gerne auch Lücken dazwischen lassen bzw. füllen.

Neue Nachricht

Von: INFO-BOX

Betreff: Apps verschieben

Bei einigen iPhones ist es nicht erforderlich, den Bearbeitungsmodus aufzurufen, um Apps zu verschieben. Stattdessen können Sie die gewünschte App einfach gedrückt halten, bis sie wackeln und das Minuszeichen erscheint, und sie an die gewünschte Position ziehen. Dadurch wird die App sofort in den Verschiebungsmodus versetzt, ohne dass Sie zuerst auf "Home-Bildschirm bearbeiten" gehen müssen.

SENDEN

b) Apps in Ordnern bündeln

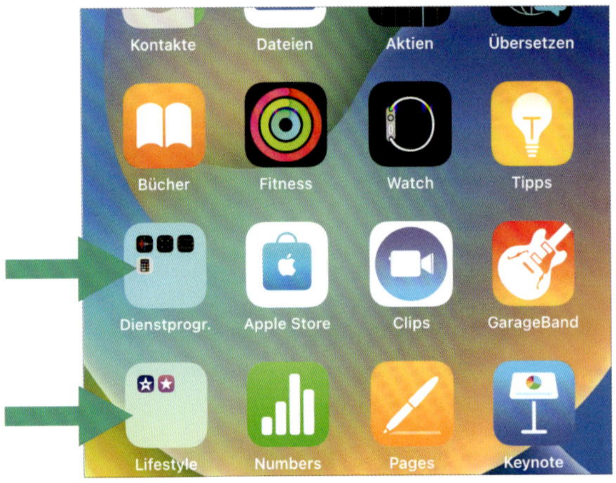

Anstatt die Apps alle einzeln auf Ihrem Startbildschirm zu legen, können Sie diese auch thematisch in Ordnern sammeln und diese namentlich benennen. So können Sie beispielsweise alle Spiele in einen Ordner packen und ihn "Spaß und Unterhaltung" nennen.

Gehen Sie hierfür wieder in den Bearbeitungsmodus. Schieben Sie das App-Symbol mit dem Finger nun über eine andere App, die gemeinsam in einen Ordner sollen. Sobald beide App-Symbole übereinander sind, sehen Sie außen herum schon eine größere Umrandung. Nehmen Sie den Finger dann von dem Bildschirm herunter, erstellt Ihr iPhone automatisch einen Ordner. Vergessen Sie nicht, den Bearbeitungsmodus wieder zu verlassen, indem Sie in einen leeren Bereich auf Ihrer Startseite tippen.

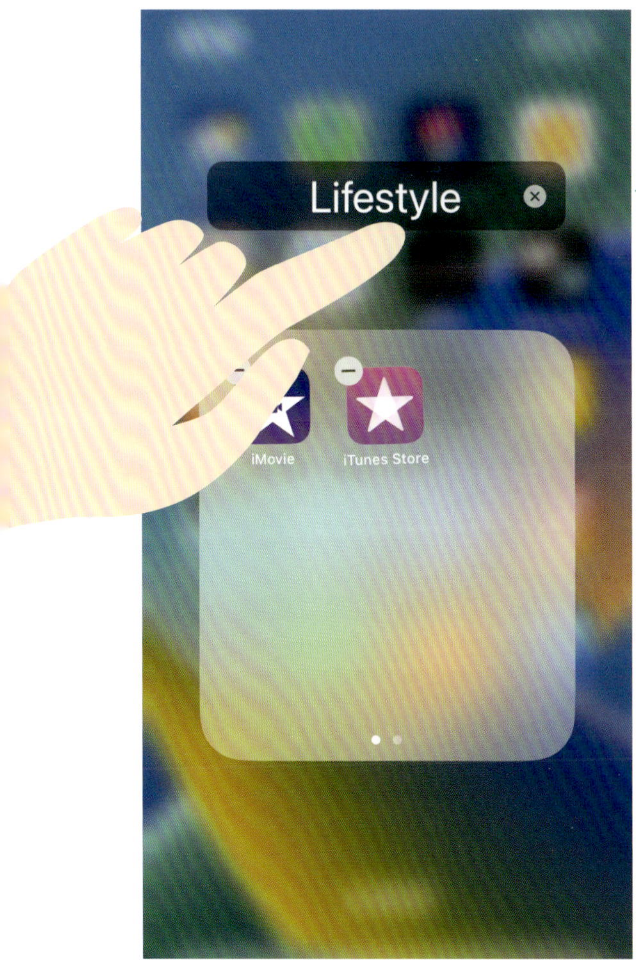

Apple erstellt Ihnen meist automatisch einen Ordnernamen. Im Bearbeitungsmodus können Sie mit Ihrem Finger auf den Namen drauftippen, um die Tastatur zu öffnen. Jetzt können Sie Ihrem Ordner einen eigenen Namen geben. Sie können beliebig viele Apps in einen Ordner packen. Schieben Sie hierfür die Apps mit Ihrem Fingern einfach auf der Startseite in den gewünschten Ordner. Falls die erste Ordnerseite voll sein sollte, erstellt der Ordner automatisch eine zweite Seite. Dies erkennen Sie an den Punkten unten im Ordner. Wischen Sie im Ordnerfenster nach rechts, um auf die nächste Seite zu kommen.

c) Die App-Mediathek

Bis jetzt haben wir immer von Ihrer Startseite auf Ihrem iPhone gesprochen, welche mit Apps oder App-Ordnern belegt ist. Es gibt allerdings noch ein weiteres Menü, welches automatisch alle Apps und Funktionen Ihres iPhones beinhaltet: Die APP-MEDIATHEK. Diese gibt es nur bei neueren Apple-Geräten und kann erreicht werden, indem Sie, soweit wie es geht, nach rechts bzw. von rechts nach links wischen. Auch hier können Sie mit Ihrem Finger von unten nach oben wischen, um alle Apps zu erkennen. Wenn Sie sich an den Bearbeitungsmodus (Seite 55) zurückerinnern, gab es dort das kleine Minuszeichen bei den Apps. Auch in der App-Mediathek kann man, wenn man für einen Moment den Finger auf einer App gedrückt hält, in den Bearbeitungsmodus gelangen.

ÜBERSICHT DER APP-MEDIATHEK

6.6 APP-SYMBOLE ZUM STARTBILDSCHIRM VERSCHIEBEN

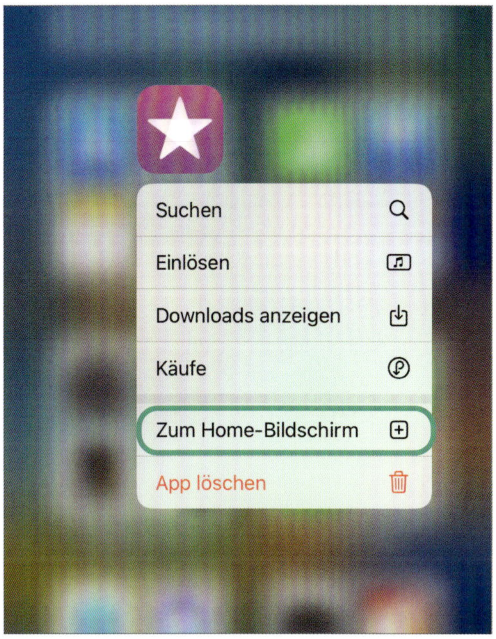

Halten Sie Ihren Finger auf das gewünschte App-Symbol in der App-Mediathek für einige Sekunden gedrückt, bis eine Reaktion sichtbar wird. Wenn Sie die Option ZUM HOME-BILDSCHIRM auswählen, können Sie die App zum Startbildschirm verschieben, so dass sie dort angezeigt wird. Standardmäßig werden alle Apps automatisch auf dem Startbildschirm platziert.

6.7 APP-SYMBOLE ENTFERNEN BZW. LÖSCHEN

Viele Apps bei einem iPhone sind vorinstalliert. Sie erreichen diese Apps dann nicht nur über die App-Mediathek, sondern auch auf Ihrer Startseite. Die Löschung einer App funktioniert in der App-Mediathek, als auch auf der Startseite in gleicher Weise. Hierfür tippen Sie einfach wieder lange auf die gewünschte App, bis sich etwas Sichtbares tut.

Doch Achtung: Entfernen Sie eine App auf der Startseite, ist diese noch in der App-Mediathek zu finden. Deinstallieren Sie eine App im Menü, ist diese endgültig gelöscht. Dies ist gut zu unterscheiden an den Worten ENTFERNEN und LÖSCHEN.

1. App löschen: Die App ist komplett gelöscht und nicht mehr auf dem iPhone zu finden.

2. Vom Bildschirm entfernen: Die App ist zwar vom Startbildschirm entfernt, allerdings noch in der App-Mediathek zu finden.

3. Abbrechen: Sie können den Vorgang abbrechen, indem Sie auf eine freie Stelle Ihrer Startseite tippen. Manche Geräten haben auch die Funktion ABBRECHEN.

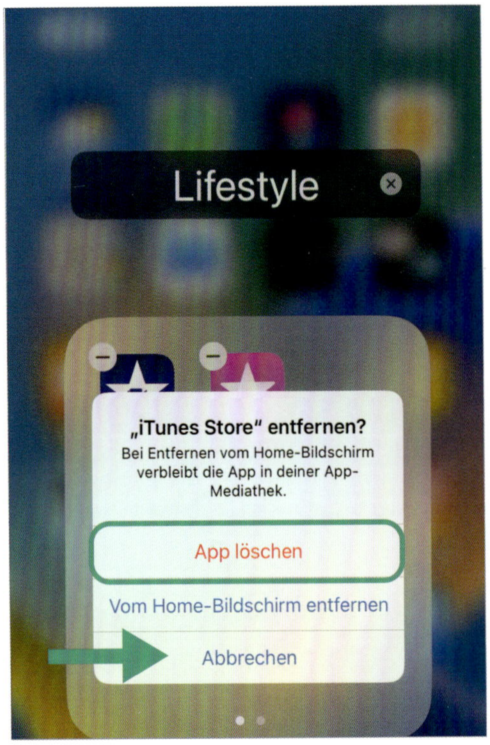

APP LÖSCHEN

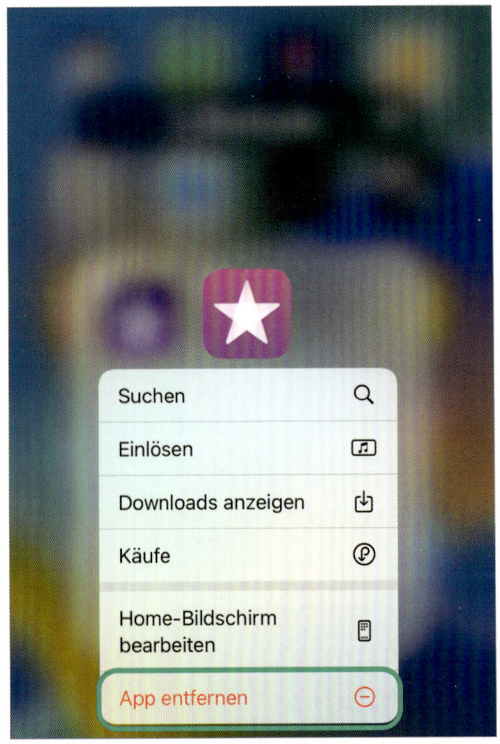

APP ENTFERNEN

Neue Nachricht

Von: INFO-BOX

Betreff: Apps aufräumen für einen besseren Überblick

Es ist durchaus üblich, dass sich im Laufe der Zeit viele Apps auf einem iPhone ansammeln. Um die Benutzerfreundlichkeit zu verbessern und den Zugriff auf die wichtigsten Apps zu erleichtern, empfiehlt es sich, diese auf dem Startbildschirm zu platzieren, während der Rest der Apps in der App-Mediathek verbleibt. Indem Sie die wichtigen Apps auf dem Startbildschirm organisieren, können Sie sie schnell und einfach finden, ohne durch eine Vielzahl anderer Apps blättern zu müssen. Die Startbildschirm-Apps sollten diejenigen sein, die Sie häufig nutzen und auf die Sie schnell zugreifen möchten. Es ist auch ratsam, regelmäßig Ihre Apps zu überprüfen und nicht verwendete oder überflüssige Apps zu löschen.

SENDEN

LIEBER ZUSAMMEN "ABHÄNGEN" ALS ABHÄNGEN LASSEN!

7. KONTAKTE IM TELEFONBUCH VERWALTEN

Um auf Ihrem iPhone eine Liste mit Kontakten* anlegen oder verwalten zu können, gibt es verschiedene Möglichkeiten. Wir wollen Ihnen die gängigsten Methoden hierfür zeigen. Je nach Version des iPhones kann es einige Unterschiede geben, aber die grundlegenden Schritte, die hier beschrieben werden, sind gleich.

*Mit "Kontakten" ist in diesem Kapitel immer die Telefonnummer, Name, weitere Adressdaten usw. von Personen gemeint, welche im Telefonbuch des iPhones abgespeichert werden.

7.1 DIE UNTERSCHIEDLICHEN KATEGORIEN IM TELEFONBUCH

Öffnen Sie Ihre Telefon-App (Telefonbuch). Suchen Sie hierfür das Symbol auf Ihrem Bildschirm, welches einen grünen Telefonhörer enthält und tippen Sie darauf. Diese App hat mehrere Kategorien:

Die Funktion FAVORITEN ermöglicht es Ihnen, Ihre am häufigsten benutzten Kontakte in einem speziellen Bereich zu speichern, um schnellen Zugriff auf ihre Telefonnummer zu haben. Das erleichtert Ihnen das Auffinden und Anrufen Ihrer wichtigen Kontakte, ohne lange in der Kontaktliste suchen zu müssen.

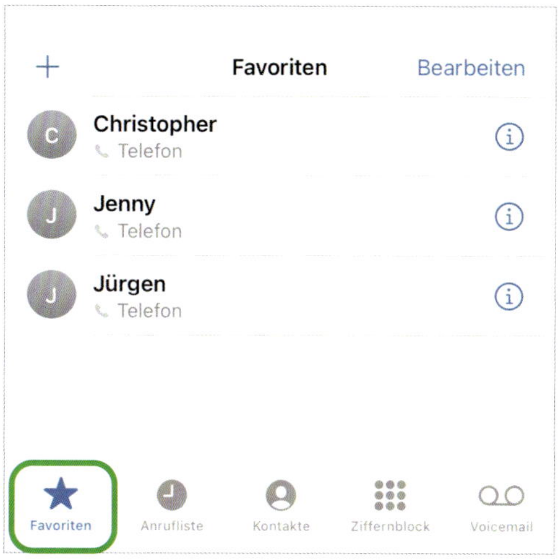

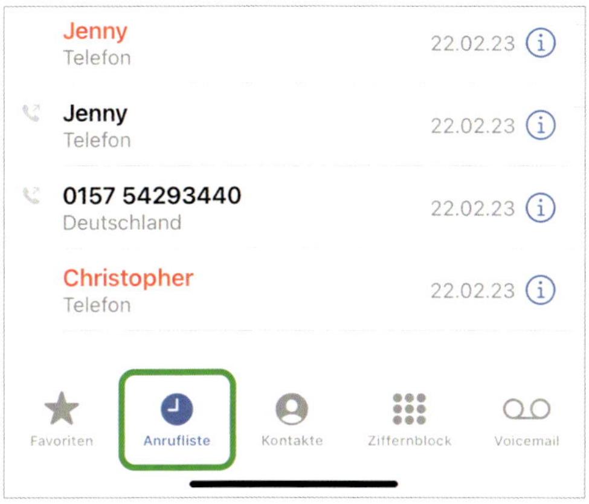

Die Kategorie ANRUFLISTE zeigt Ihnen eine Aufzeichnung aller eingehenden, ausgehenden und verpassten Anrufe nach Datum und Uhrzeit. Dadurch können Sie nicht nur auf vergangene Anrufe zugreifen, sondern auch genau nachvollziehen, wann diese stattgefunden haben.

Die Kategorie KONTAKTE ist ein digitales Telefonbuch, in dem Sie Nummern, Namen und weitere Informationen speichern können. Die Kontakte sind alphabetisch geordnet, so dass Sie sie leicht finden können, indem Sie entweder den Namen des Kontakts eingeben (siehe nächste Seite) oder einfach durch die Liste "scrollen". Dies ermöglicht eine bequeme Verwaltung und Organisation Ihrer Kontaktdaten, um schnell Anrufe zu tätigen oder Nachrichten zu senden.

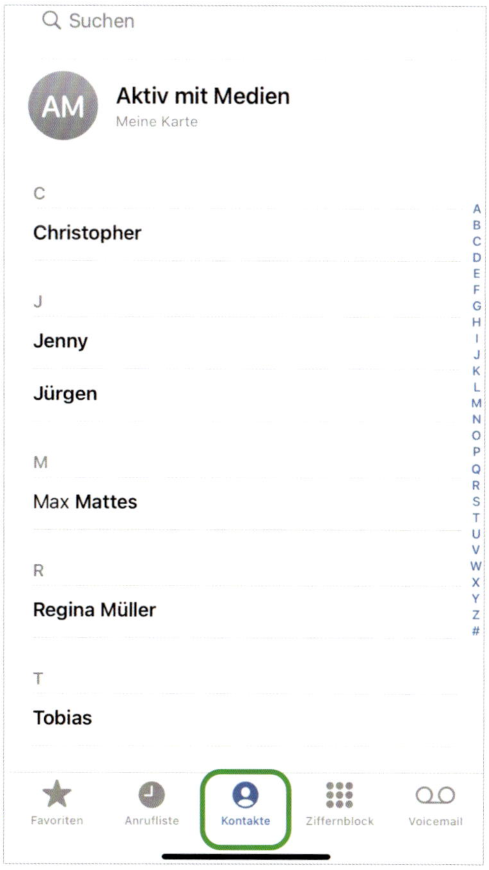

SUCH-EINGABEFELD

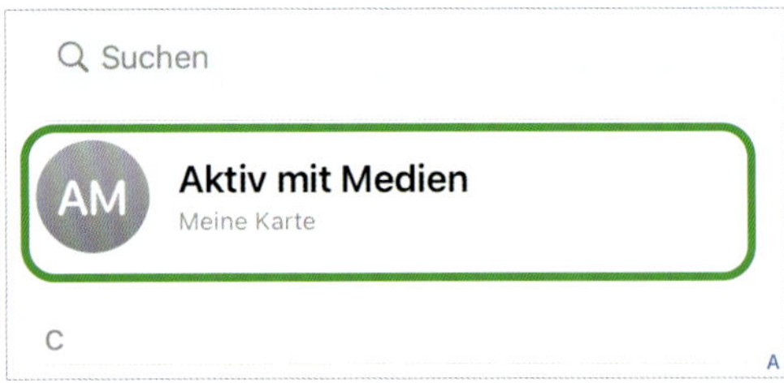

In Ihrem Telefonbuch wird ganz oben Ihre eigene Telefonnummer bzw. Ihr eigener Kontakt (mit Namen) angezeigt. Tippen Sie darauf, um Ihre eigene Nummer zu sehen. In diesem Fall heißt das iPhone "Aktiv mit Medien", wie unser Projekt.

Neue Nachricht

Von: INFO-BOX

Betreff: Namen suchen im Telefonbuch

Sie können über das Eingabefeld mit der Lupe (graues Feld oben) nach Kontakten suchen. Schon wenn Sie den Anfangsbuchstaben eingeben, schlägt Ihnen Ihr Gerät Kontakte vor, die Sie gespeichert haben.

SENDEN

Die Kategorie ZIFFERNBLOCK dient dazu, Nummern, die Sie nicht in Ihrem Telefonbuch gespeichert haben, direkt zu wählen oder als neuen Kontakt in Ihrem digitalen Telefonbuch einzuspeichern. Wie Sie einen Telefonanruf führen, erfahren Sie im nächsten Kapitel.

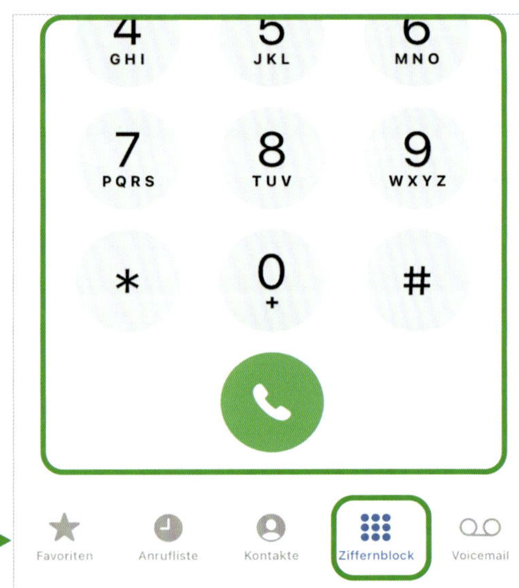

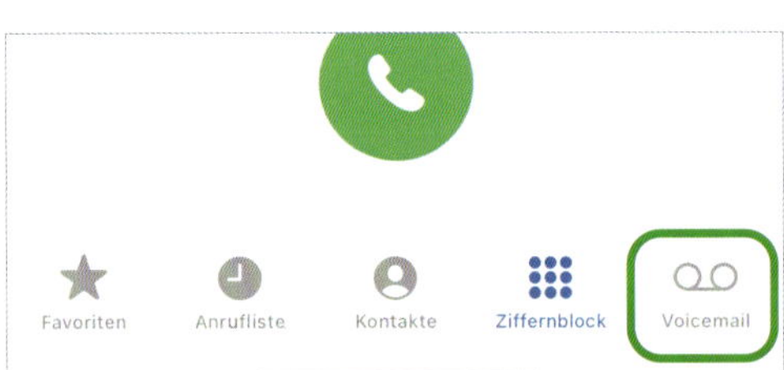

Bei neueren iPhones (wie hier im Bild) gibt es rechts daneben die Kategorie VOICEMAIL. Hier können Sie ihre Mailbox-Nachrichten abrufen.

7.2 KONTAKTE AUF DEM IPHONE ANLEGEN

Möchten Sie einen neuen Kontakt auf Ihrem iPhone speichern, gibt es hierfür zwei Möglichkeiten: Entweder Sie tippen in die Kategorie KONTAKTE oder in die Kategorie ZIFFERNBLOCK.

a) Einen neuen Kontakt über die Kontakte anlegen

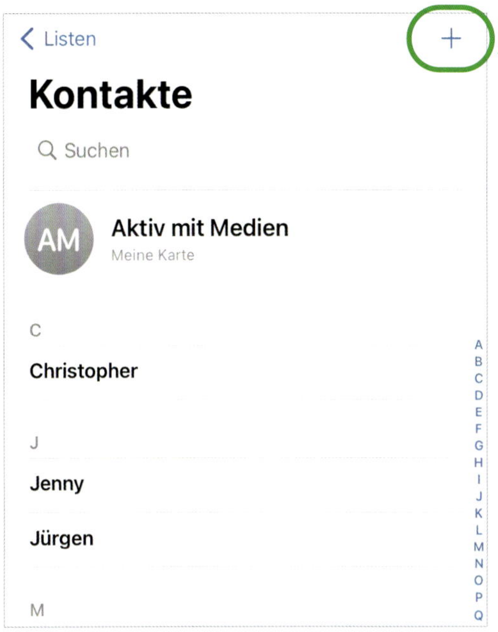

Um einen neuen Kontakt/eine neue Telefonnummer anzulegen, müssen Sie das kleine PLUSZEICHEN rechts oben in der Ecke finden. Tippen Sie dieses mit dem Finger an.

b) Einen neuen Kontakt über die Tastatur anlegen

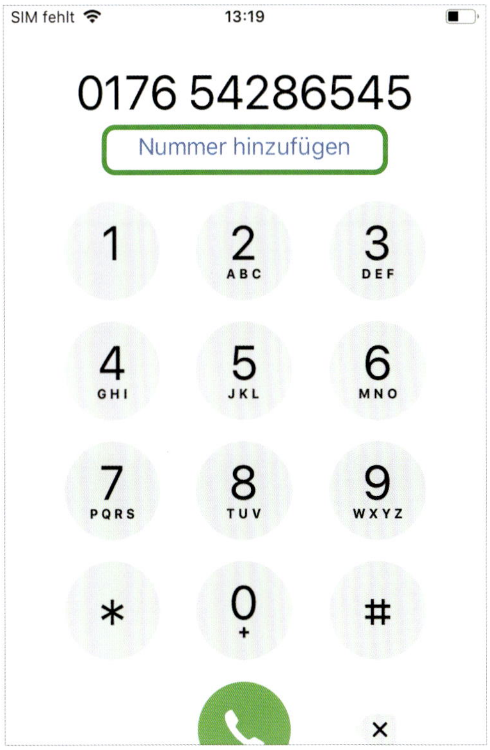

Wenn Sie über ZIFFERNBLOCK einen neuen Kontakt erstellen möchten, müssen Sie zuerst die Nummer eingeben. Anschließend erscheint das Feld NUMMER HINZUFÜGEN, auf das Sie tippen können. Dadurch werden zwei weitere Optionen angezeigt: NEUEN KONTAKT ERSTELLEN (wenn Sie einen komplett neuen Kontakt anlegen möchten) und ZU KONTAKT HINZUFÜGEN (wenn Sie die Nummer zu einem bereits bestehenden Kontakt hinzufügen oder aktualisieren möchten).

Bei beiden Optionen öffnet sich die selbe Datenmaske. Hier können Sie den Namen, die E-Mail-Adresse und die Telefonnummer für den Kontakt eingeben. Achtung: Die Anordnung der Informationen kann unterschiedlich aussehen, je nach iPhone-Version. Tippen Sie in das entsprechende Feld (z.B. Vorname), öffnet sich die Tastatur. Sie können den Namen nun eintragen. Wischen Sie mit Ihrem Finger von unten nach oben, erscheinen noch mehr Informationsfelder, die Sie ausfüllen könnten.

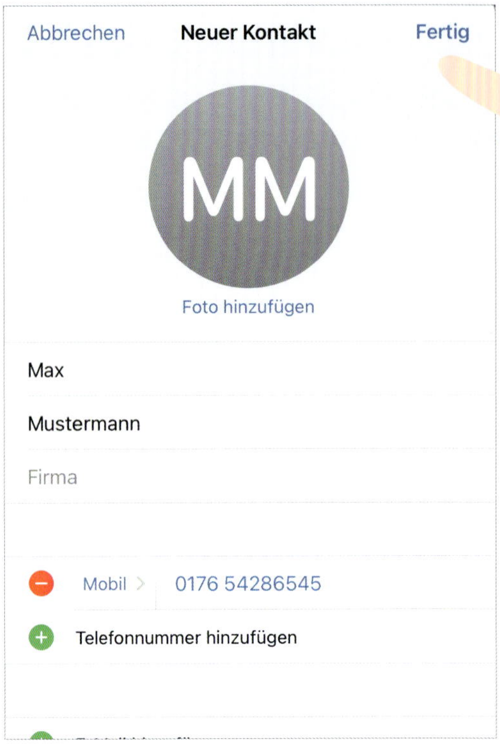

Tippen Sie danach oben rechts auf FERTIG. Sobald der Kontakt gespeichert wurde, erscheint er in Ihrem Telefonbuch.

7.3 EINEN BEREITS ANGELEGTEN KONTAKT ÄNDERN/BEARBEITEN

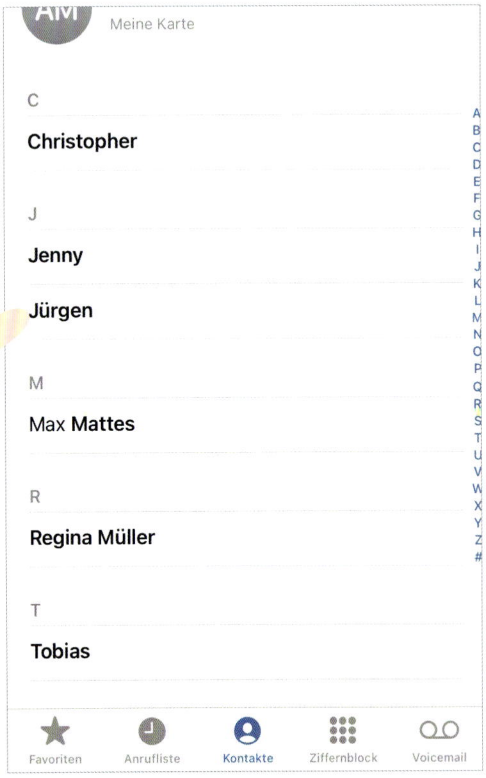

Wenn Sie einen bereits bestehenden Kontakt ändern wollen, suchen Sie diesen im Telefonbuch Ihres iPhones und tippen ihn an.

Es öffnet sich ein Fenster mit den gesamten von Ihnen abgespeicherten Informationen zu diesem Kontakt. Tippen Sie nun oben rechts auf BEARBEITEN. Ändern Sie nun den Namen, die Telefonnummer, die E-Mail-Adresse usw. und drücken Sie auf FERTIG, ebenfalls oben links in der Ecke. Denken Sie daran: Damit die Tastatur erscheint, müssen Sie in das entsprechende Feld hineintippen.

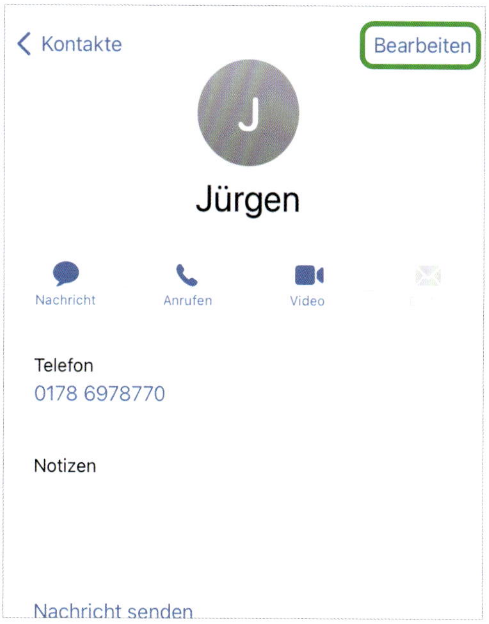

7.4 KONTAKTFOTO HINZUFÜGEN

Sie können bei gespeicherten Kontakten ein Bild/Foto hinzufügen. Tippen Sie dafür auf die Kategorie KONTAKT in Ihrem Telefonbuch und suchen Sie Ihren Kontakt aus, bei diesem Sie ein Foto hinzufügen möchten. Sie sehen nun das aktuelle Kontaktbild, bzw. einen Platzhalter wie bspw. den Anfangsbuchstaben des eingespeicherten Kontaktes. Tippen Sie nun auf BEARBEITEN oben rechts.

Tippen Sie mit Ihrem Finger nun auf FOTO HINZUFÜGEN.

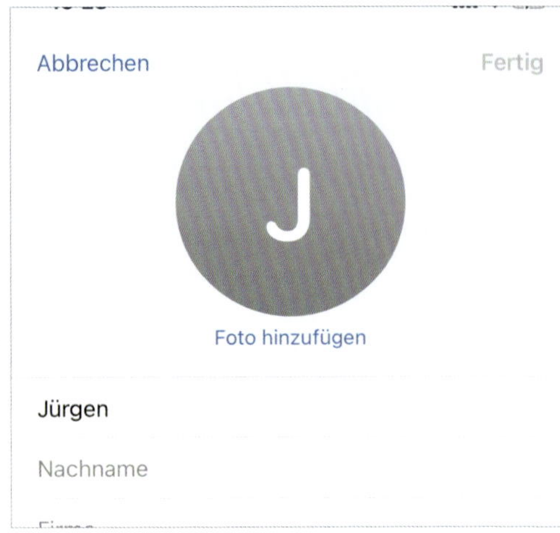

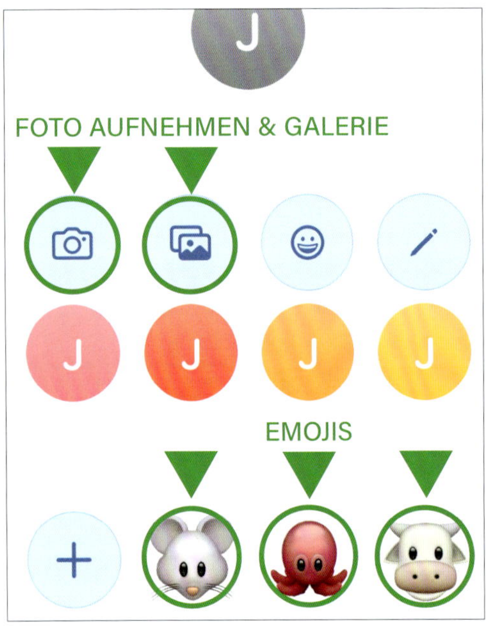

Nun können Sie ein Bild/Foto aus Ihrer Galerie hinzufügen oder Sie nehmen direkt ein Foto auf, wenn die Person anwesend ist. Auch können Sie vorhandene Emojis (kleine Bildchen wie zum Beispiel Smileys, Alltagsobjekte oder Tierbilder) nutzen.

Tippen Sie zum Speichern auf FERTIG.

Achtung Persönlichkeitsrechte! Holen Sie sich erst die Erlaubnis der Person, die Sie fotografieren und als Kontakt mit Bild/Foto speichern wollen ein oder nutzen Sie stattdessen ein Emoji.

Je nach Version des iPhones sehen die Felder unterschiedlich aus, die Schritte bleiben jedoch gleich.

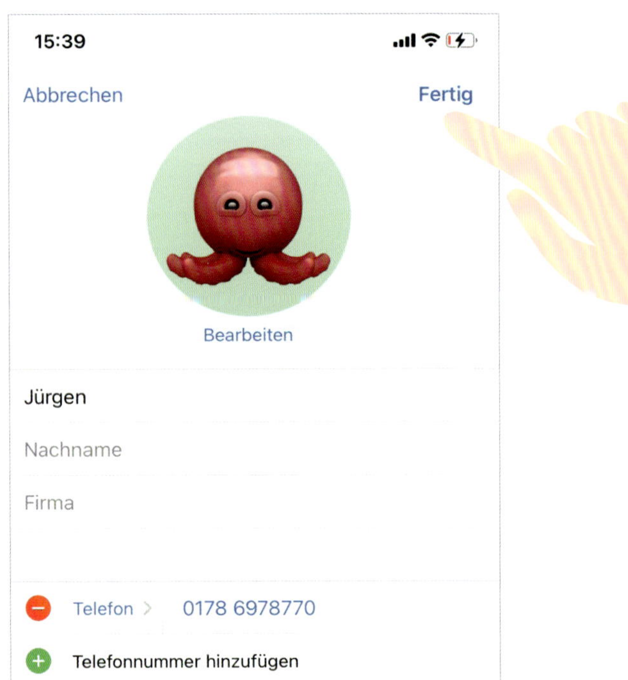

7.5 KONTAKTE ZU FAVORITEN HINZUFÜGEN

Sie können festlegen, dass Personen, die Sie häufig kontaktieren, in der Kategorie FAVORITEN nochmals gesondert aufgeführt werden. Somit ersparen Sie sich das Suchen in Ihrem digitalen Telefonbuch.

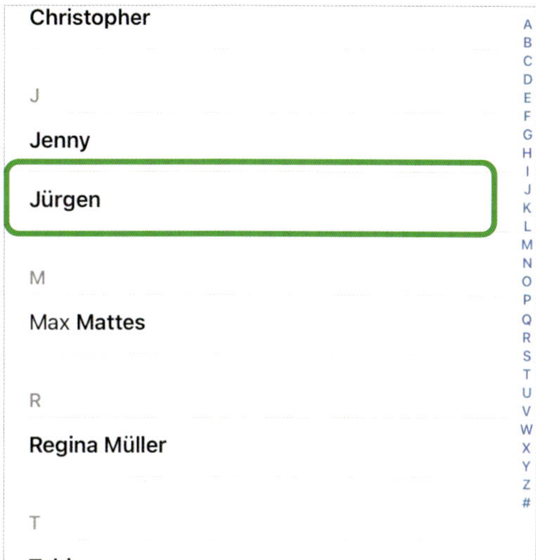

Öffnen Sie auf Ihrem iPhone hierfür wieder die Telefon-App. Tippen Sie wie im letzten Schritt auf den Kontakt, diesmal, um ihn zu den Favoriten hinzuzufügen und nicht wie im letzten Schritt, um die Daten zu bearbeiten.

Tippen Sie nun auf das Feld ALS FAVORITEN SICHERN. Daraufhin haben Sie die Möglichkeit die Aktion ANRUFEN oder NACHRICHT auszuwählen. Tippen Sie auf ANRUFEN.

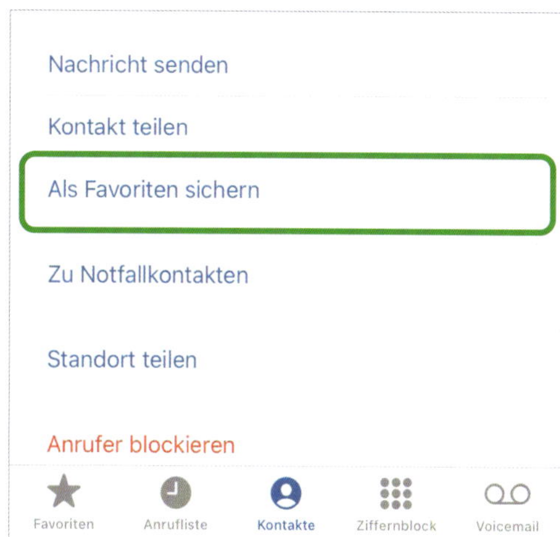

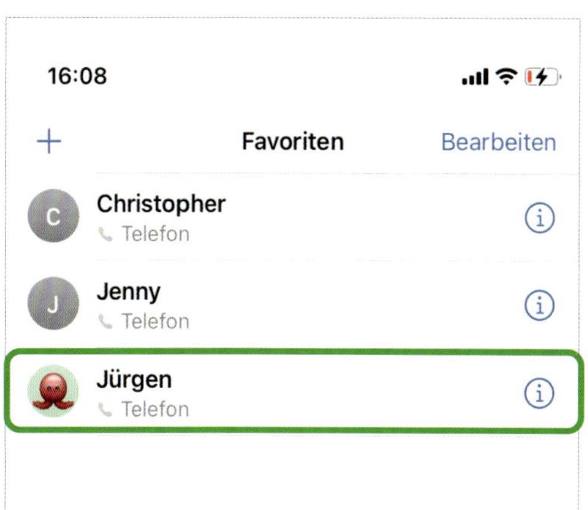

In der Kategorie FAVORITEN erscheint nun der ausgewählte Kontakt.

8. TELEFONIEREN MIT DEM IPHONE

Da Sie nun bereits im letzten Kapitel gelernt haben, wie Sie einen Kontakt in Ihrem Telefonbuch speichern, ist es an der Zeit, diesen Kontakt auch anrufen zu können. Hierbei gibt verschiedene Möglichkeiten, je nachdem, welche Funktionen und Einstellungen Ihr Gerät bietet. Daher wird Ihnen in diesem Kapitel aufgezeigt, wie Sie einen Anruf tätigen können, unabhängig davon, ob Sie einen Kontakt aus Ihrem Telefonbuch wählen oder eine Telefonnummer manuell eingeben möchten, und wie Sie einen Anruf annehmen.

Um einen Anruf tätigen zu können, tippen Sie wie im letzten Kapitel aufgezeigt, entweder auf das Feld ZIFFERNBLOCK (wenn Sie eine Telefonnummer manuell eingeben wollen) oder auf das Feld KONTAKTE (Wenn Sie eine Nummer schon in Ihrem Telefonbuch gespeichert haben).

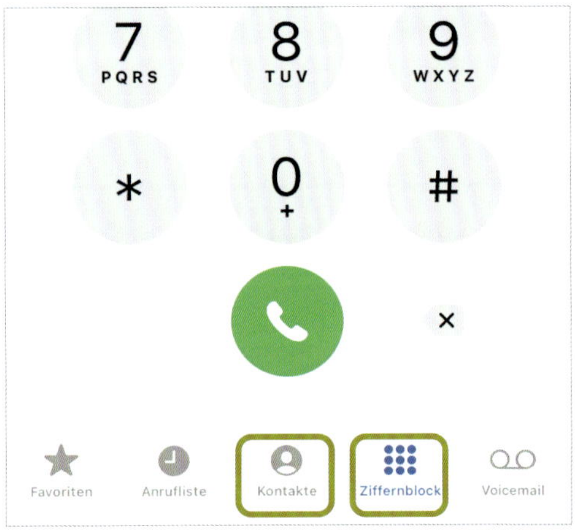

8.1 TELEFONIEREN BEI MANUELLER EINGABE

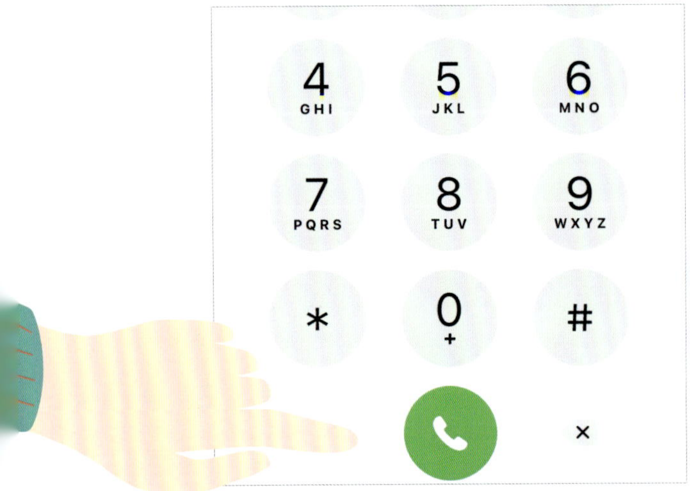

Wenn Sie auf das Feld ZIFFERNBLOCK tippen, öffnet sich ein Nummernfeld, in welches Sie die Telefonnummer eintippen können, die Sie anrufen möchten. Tippen Sie auf die grüne Hörertaste, um den Anruf zu starten. Ihr iPhone wird dann versuchen, eine Verbindung zum Ziel aufzubauen.

8.2 TELEFONIEREN ÜBER EINEN GESPEICHERTEN KONTAKT

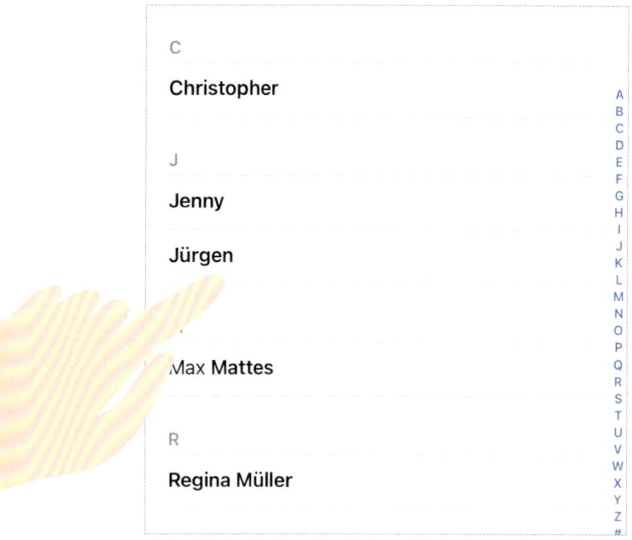

Alternativ können Sie auch direkt aus Ihrem Telefonbuch einen Kontakt auswählen, den Sie anrufen möchten. Suchen Sie dazu den Namen des Kontakts in Ihrer Kontaktliste (siehe letztes Kapitel) und tippen Sie auf den entsprechenden Namen. Auch hier wird die grüne Hörertaste zu sehen sein, welche Sie mit Ihrem Finger antippen, um den Anruf zu beginnen.

8.3 FUNKTIONEN WÄHREND EINES ANRUFS

Während eines Telefonats stehen Ihnen verschiedene Optionen zur Verfügung, um Ihre Anrufumgebung anzupassen und das Gespräch nach Ihren Bedürfnissen zu gestalten. Beispielsweise die Möglichkeit, das Mikrofon stummzuschalten (der Gesprächspartner oder die Gesprächspartnerin kann Sie nicht mehr hören), die Lautstärke anzupassen für eine bessere Klangqualität (an der Lautstärketaste siehe Kapitel 6, Seite 41: Lautstärkeregler) oder auch auf Lautsprecher zu schalten. Diese Optionen variieren je nach iPhone-Modell.

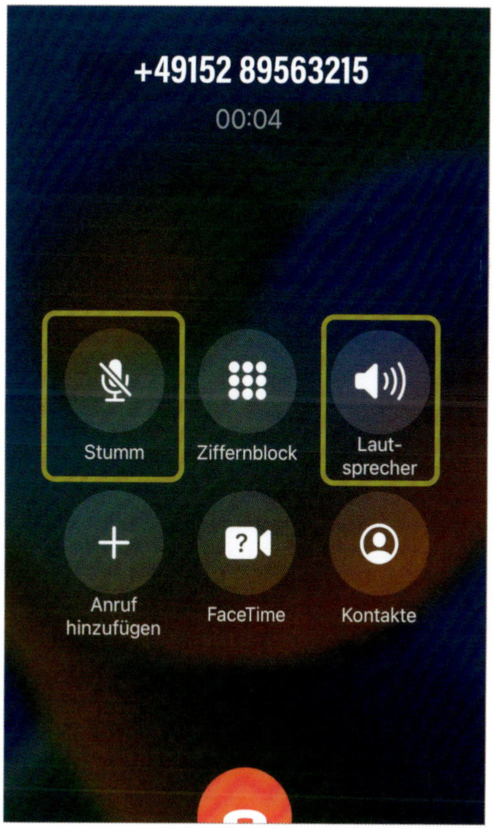

8.4 DEN ANRUF BEENDEN

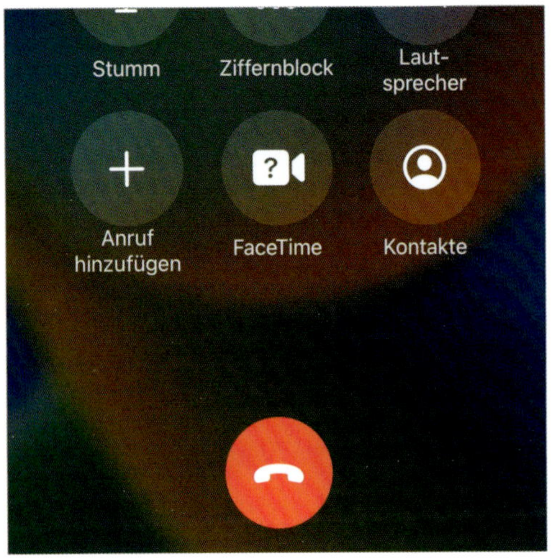

Möchten Sie den Anruf beenden, nutzen Sie hierfür das Auflege-Symbol. Dieses befindet sich normalerweise als rote Hörertaste auf dem Bildschirm. Wenn Sie das Gespräch beenden möchten, tippen Sie mit Ihrem Finger auf die rote Hörertaste. Dadurch wird die Verbindung getrennt und der Anruf beendet.

8.5 EINEN EINGEHENDEN ANRUF ENTGEGENNEHMEN

Wenn Sie einen eingehenden Anruf auf Ihrem iPhone erhalten, gibt es verschiedene Möglichkeiten, den Anruf entgegenzunehmen und das Gespräch zu beginnen. Meist handelt es sich dabei aber um eine bestimmte Wischfunktion oder Tippgeste.

Wenn Ihr iPhone bereits entsperrt ist – also NICHT im Ruhemodus ist (siehe Kapitel 6, Seite 41: An- und Aus-Knopf) – öffnet sich ein kleines Fenster oben am Bildschirm. Tippen Sie auf das grüne Hörerfeld, um den Anruf entgegenzunehmen oder auf das rote Hörerfeld, um den Anruf abzuweisen.

Befindet sich Ihr iPhone im Ruhemodus – der Bildschirm ist dunkel – fängt dieser an zu leuchten und zeigt Ihnen den eingehenden Anruf an. Wischen Sie mit Ihrem Finger von links nach rechts – also vom grünen Hörer aus zum rechten Bildschirmrand –, so dass der Anruf entgegengenommen werden kann.

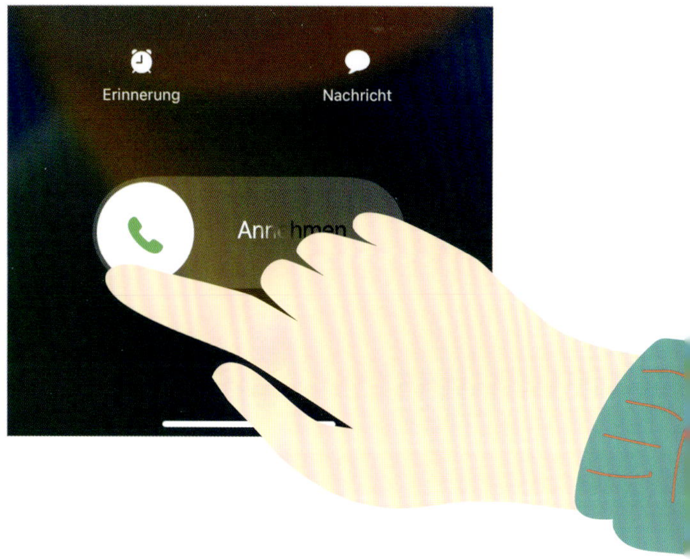

8.6 EINEN VERPASSTEN ANRUF VERWALTEN

Haben Sie einen Anruf verpasst, wird Ihnen dieser an verschiedenen Orten auf Ihrem iPhone angezeigt:

In der sogenannten Mitteilungszentrale, die Ihnen angezeigt wird, wenn sich Ihr iPhone im Ruhemodus befindet. Tippen Sie den verpassten Anruf an, wird dieser direkt zurückgerufen.

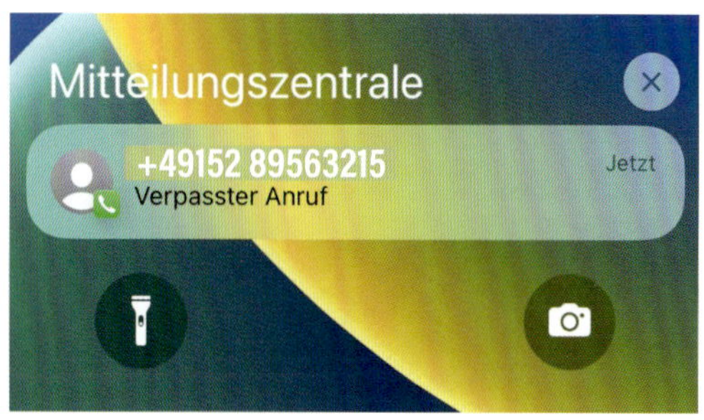

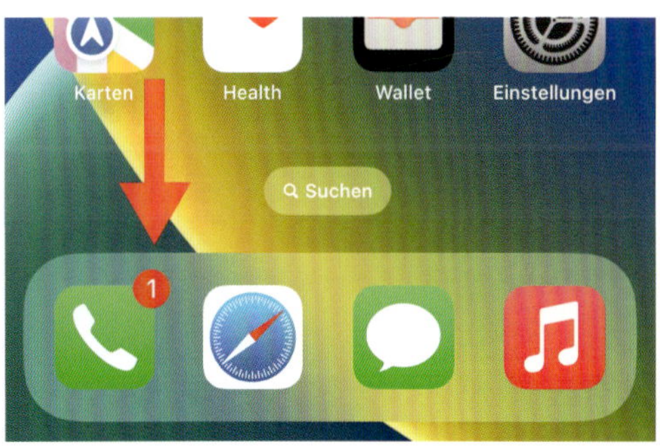

Auf der Startseite rechts oben in der Ecke als kleiner roter Kreis an Ihrem Telefon-App-Symbol. Die 1 steht hierbei für einen verpassten Anruf, bei zwei verpassten Anrufen steht dort eine 2, usw.

In Ihrer Telefon-App in der Kategorie ANRUFLISTE. Tippen Sie den verpassten Anruf an, wird dieser direkt zurückgerufen.

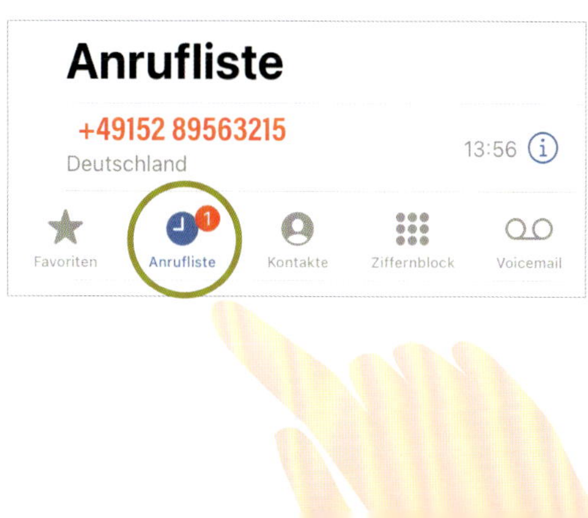

9. DIE FUNKTIONEN DES APP STORE

Der App Store ist wie ein virtueller Einkaufsladen. In diesem können Sie Tausende von unterschiedlichen Apps (kleine Programme auf Ihrem iPhone) zu fast allen Themenbereichen herunterladen. Nicht alle Apps, die Sie im App Store finden sind dabei kostenfrei oder sinnvoll. Der App Store ist nicht mit dem Apple Store zu verwechseln. Der App Store ermöglicht es Ihnen, Apps herunterzuladen und zu installieren, die speziell für das iOS-Betriebssystem (Begriffserklärung auf Seite 11) entwickelt wurden. Im Apple Store wiederum kann man Apple-Produkte kaufen, wie z.B. iPhones oder iPads. Dieses Kapitel soll Ihnen dabei helfen, die wichtigsten Fragen im Umgang mit dem App Store zu beantworten und somit sicher im Umgang mit dem Herunterladen von Apps zu werden.

9.1 WARUM SOLLTE ICH APPS NUR IM APP STORE HERUNTERLADEN?

In der Fachsprache wird eine App, die Schaden auf Ihrem iPhone verursachen kann "Malware" (man liest: Mäilwär) genannt. Dieses Wort stammt aus dem Englischen und bedeutet so viel wie "Schadprogramm". Apple überprüft jede App, bevor und nachdem sie dem App Store hinzugefügt wurde. Wenn eine App nicht das hält, was sie versprochen hat oder nicht das tut, was sie soll und/oder nach der Veröffentlichung Schwachstellen aufweist, wird sie aus dem App Store entfernt.

9.2 WIE IST DER APP STORE AUFGEBAUT?

Der App Store ist auf Ihrem Gerät standardgemäß vorinstalliert und auf dem Startbildschirm zu finden. Tippen Sie mit Ihrem Finger auf das App Store Symbol um dieses zu öffnen. Sie gelangen so auf dessen Startseite. Dieser ist unterteilt in verschiedene Kategorien.

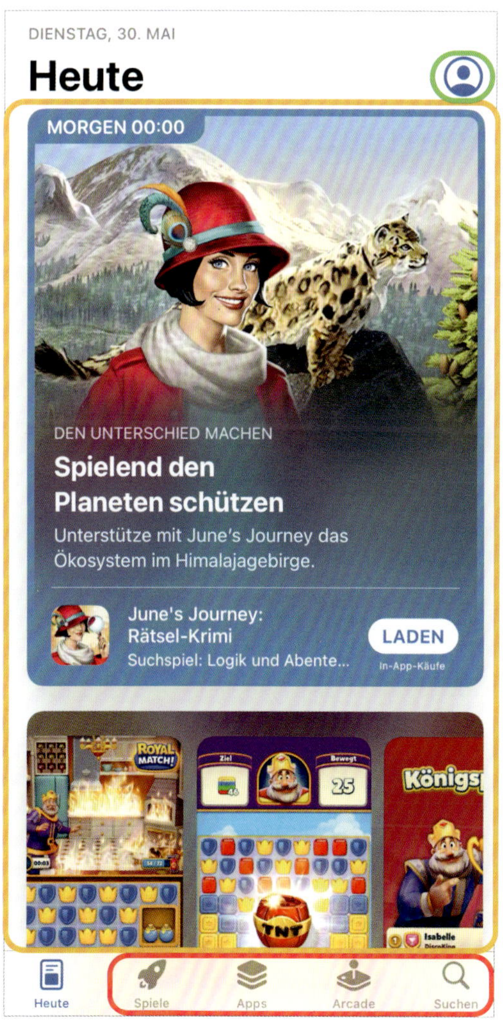

Im oberen Bereich befindet sich Ihr eigenes Konto mit Apple-ID (siehe Seite 37). Tippen Sie hierfür auf das Personen-Symbol.

Im Startbereich bzw. der Kategorie HEUTE finden Sie Neuigkeiten, Empfehlungen und auch Werbung, welche Ihren Nutzerdaten angepasst sind.

Im unteren Bereich können Sie zwischen verschiedenen Kategorien wählen, um gezielt eine bestimmte App oder ein bestimmtes Medium zu suchen und herunterzuladen (siehe nächste Seite).

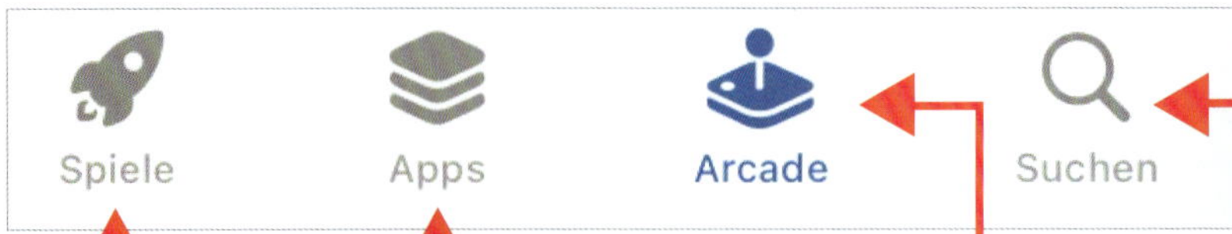

1. Spiele
Hier sind Spiele als Sonderkategorie aufgelistet. Es wird gezeigt, welche Spiele gerade im Trend oder neu sind, wie z.B. Sudoku, Kreuzworträtsel, Skat usw.

2. Apps
Hier haben Sie die Möglichkeit, auf die beliebtesten Apps zuzugreifen und neue Anwendungen zu entdecken, die für Sie von Nutzen sein könnten.

3. Arcade
Diese Spiele sind exklusiv für Apple-Nutzer*innen, werbefrei, enthalten keine In-App-Käufe und können offline (Englisch für: "kein Zugang zum Internet") gespielt werden.

4. Suchbereich
Tippen Sie die Kategorie "Suchen" im unteren Bereich an (Lupe) und tippen dann nochmals mit Ihrem Finger in das graue Suchfeld-Kästchen hinein (siehe nächste Seite), öffnet sich die Tastatur. Sobald Sie anfangen zu tippen verschwindet die vorherige Schrift "Spiele, Apps, Storys und mehr". Jetzt können Sie die App suchen, die Sie auf Ihr iPhone herunterladen möchten (z.B. WhatsApp). Sie können auch einfache und allgemeine Suchbegriffe eingeben (wie z.B. Rezepte) und der App Store schlägt Ihnen Apps vor, die zu Ihrem Suchbereich passen.

Neue Nachricht

Von: INFO-BOX

Betreff: Diktieren von Text auf dem iPhone

Das kleine Symbol mit dem Lautsprecher bei der Tastatur (oft unten rechts), hilft Ihnen dabei, den Text nicht schreiben zu müssen. Tippen Sie dazu kurz auf das Symbol und warten Sie, bis die App Sie auffordert zu sprechen. Achten Sie darauf, langsam, deutlich und ohne Mundart zu sprechen.

SENDEN

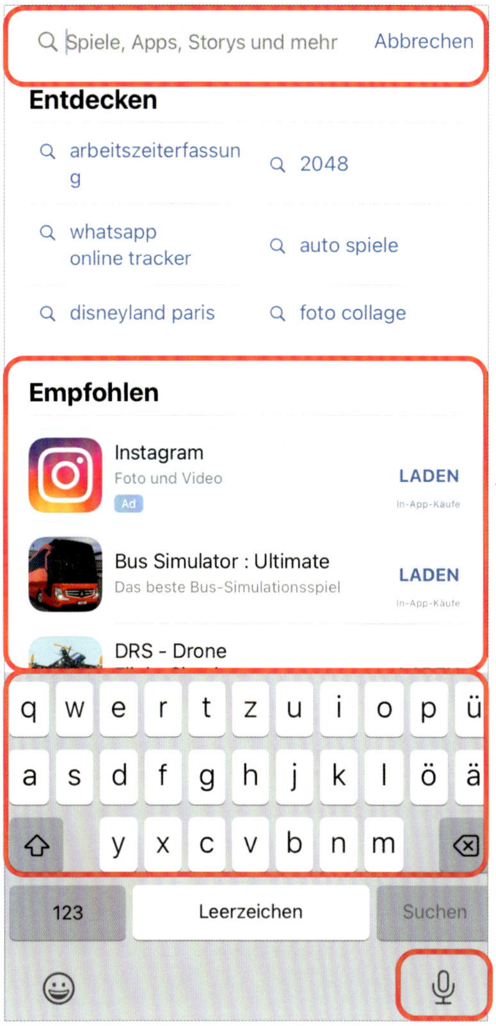

Graues Suchfeld-Kästchen

Auch im Suchbereich erscheinen Apps, die im Trend sind.

Die Tastatur öffnet sich, sobald Sie in das graue Suchfeld-Kästchen Tippen.

Mikrofon als Suchfunktion

a) Ihr Apple-Konto

Um den App Store überhaupt nutzen zu können, brauchen Sie ein Apple-Konto mit einer Apple-ID. Dieses werden Sie bereits besitzen, da Sie bei der ersten Einrichtung Ihres iPhones, eines erstellen mussten (siehe Kapitel 5, Seite 39: Benutzerkonto anlegen). Sie können in jeder Kategorie (außer bei SUCHEN) auf Ihr Konto tippen (Kreis rechts meist mit dem Anfangsbuchstaben Ihres Namens oder mit einem Personen-Symbol). Wenn Sie mit Ihrem Finger auf den Kreis tippen, zeigt es Ihnen genauer an, mit welcher Apple-ID Sie angemeldet sind. Dort finden Sie außerdem u.a.

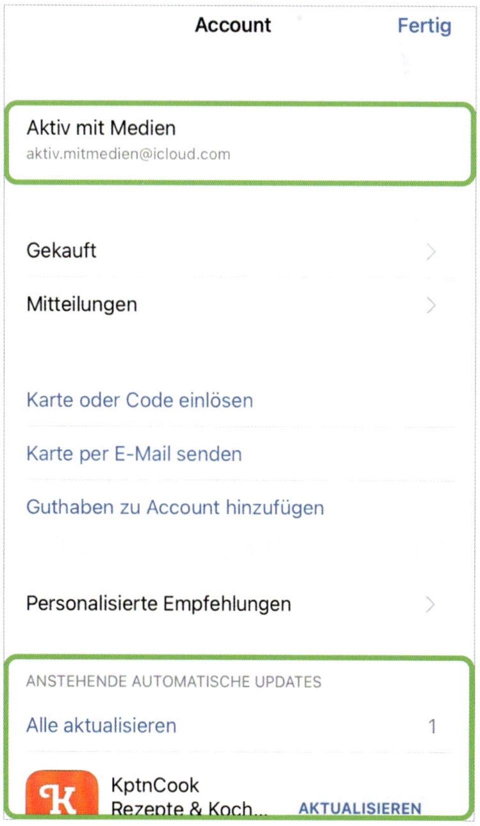

eine Übersicht über Ihre gekauften und/oder kostenlos heruntergeladenen Apps und welche dieser Apps eine Aktualisierung (die App kostenlos technisch auf den neusten Stand bringen) benötigen.

b) Die verschiedenen Kategorien im Apple-Konto

Wenn Sie in Ihrem Apple Konto erneut auf Ihre Apple ID tippen, kommen Sie zu den Account-Einstellungen (Englisch für: Konto-Einstellungen).

Hier können Sie unter ZAHLUNGSMETHODEN VERWALTEN eine Zahlungsmethode und eine Rechnungsadresse hinzufügen, falls Sie später eine App kaufen wollen. Außerdem könnten Sie hier im Falle eines Umzugs Ihr Land oder Ihre Region ändern, denn einige Apps sind nur in ausgewählten Ländern verfügbar.

In ABOS erhalten Sie eine Übersicht zu laufenden und abgelaufenen Abos. Hier können Sie einen Vertrag kündigen oder verlängern. Es lohnt sich auf jeden Fall, die einzelnen Einstellungen einmal durchzulesen.

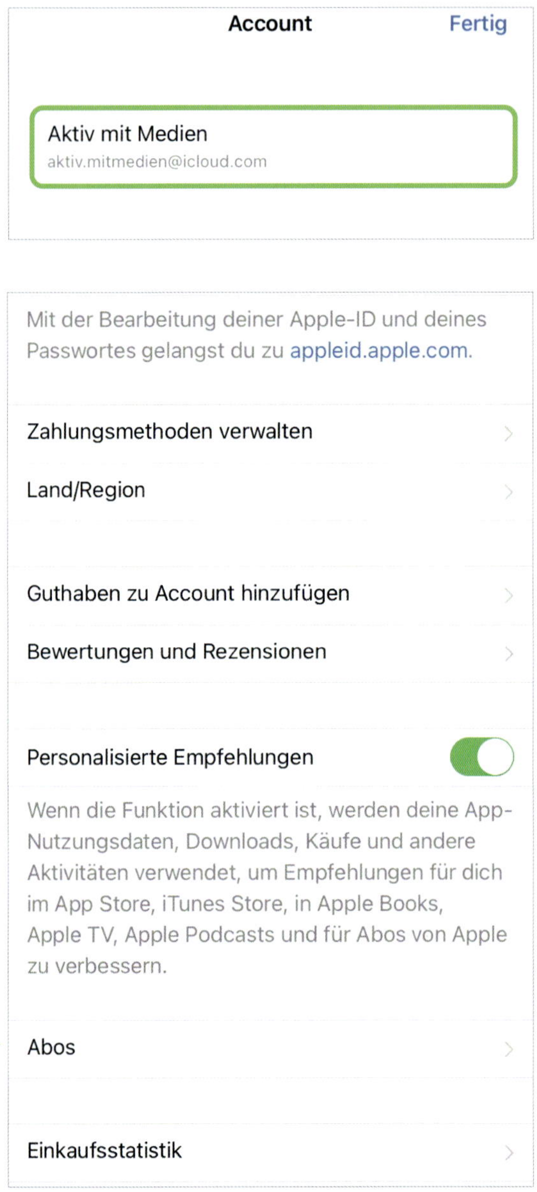

Neue Nachricht

Von: INFO-BOX

Betreff: Zahlungen und Abos im App Store

Wenn Sie bewusst keine Zahlungsmethode angegeben haben, können Sie keine App versehentlich kaufen, also auch kein Abo abschließen! Vor dem Kauf einer zahlungspflichtigen App werden Sie automatisch erst nach Ihrem Passwort und nach einer Zahlungsmethode gefragt. Wir empfehlen einen "Gutschein", falls Sie später eine kostenpflichtige App herunterladen wollen. Gutscheine für den App Store gibt es in fast allen Läden zu kaufen.

SENDEN

DIE GUTSCHEINKARTEN GIBT ES IN VERSCHIEDENEN PREISKATEGORIEN AB 5 € ZU KAUFEN!

Neue Nachricht

Von: INFO-BOX

Betreff: Was bedeutet iTunes?

Im Zusammenhang mit dem App Store wird Ihnen irgendwann der Begriff "iTunes" begegnen. Der iTunes Store (Englisch für: iTunes Einkaufsladen) ist dem App Store ähnlich, nur für Musik, Filme, TV-Sendungen, usw. Dieser ist ebenfalls mit Ihrem Apple-Konto verbunden und hat ebenfalls eine eigene App auf Ihrem iPhone. Würden Sie eine Zahlungsmethode hinterlegen, wäre diese ebenfalls für Ihr Apple-Konto und nicht nur für den App Store gültig. Dies gilt auch für die Gutscheinkarten.

SENDEN

9.3 WIE LADE ICH EINE APP HERUNTER?

Wenn Sie sich eine App ausgesucht haben, können Sie an verschiedenen Merkmalen erkennen, ob diese etwas taugt. Nehmen wir das Beispiel von vorhin mit dem Suchbegriff "Rezepte". Sie möchten also gern eine App herunterladen, die wie ein Kochbuch, die verschiedensten Gerichte beinhaltet, dessen Zutatenliste aufzeigt sowie eine Beschreibung, wie die Gerichte zubereitet werden.

Um eine App zu finden, geben oder sprechen Sie in der Suchleiste in der Kategorie SUCHEN den Begriff "Rezepte" ein.

Nun schlägt Ihnen der App Store eine Vielzahl an Apps vor, welche auf Ihren Suchbegriff passen. Einige Apps werden Ihnen als Werbung angezeigt. Diese erkennen Sie anhand des hellblauen Hintergrunds und dem Anhängsel "Ad" (Englisch für: Advertising – auf Deutsch: Werbung).

Tipp: Versuchen Sie die App, die Ihnen als Werbung angezeigt werden zu ignorieren, da diese Apps oft qualitativ nicht die besten sind.

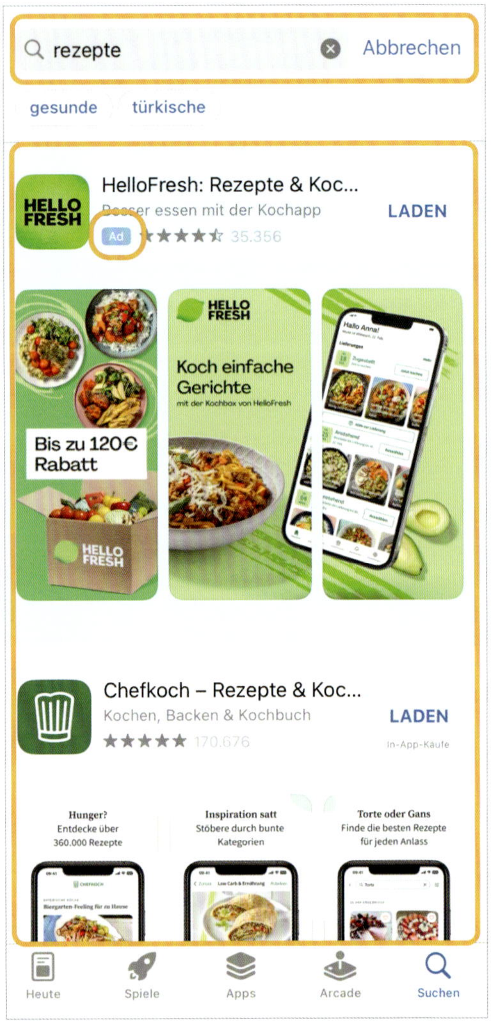

Tippen Sie auf eine der Apps, um zur App-Übersicht zu gelangen. Achten Sie dabei darauf, dass Sie nicht auf LADEN tippen, denn damit würden Sie den Installations-Vorgang der App beginnen. Auch dies wäre nicht schlimm, da Sie jede heruntergeladene App auch wieder von Ihrem Gerät löschen können (siehe Kapitel 6, Seite 61: App-Symbole entfernen bzw. löschen). Allerdings ist es doch ratsam, sich mehr Informationen über eine App einzuholen, bevor sie heruntergeladen wird.

a) Die App-Übersicht

In dieser Zeile können Sie durch Tippen die App herunterladen/installieren. Wenn diese etwas kostete, würde in diesem Feld der Geldbetrag stehen und NICHT das Wort LADEN. Da hier aber kein Geldbetrag steht, kostet die App folglich nichts. Kleine Erinnerung: Selbst wenn Sie den Geldbetrag hier übersehen würden, könnten Sie sich die App nicht kaufen, wenn Sie noch nie eine Zahlungsmethode hinterlegt haben.

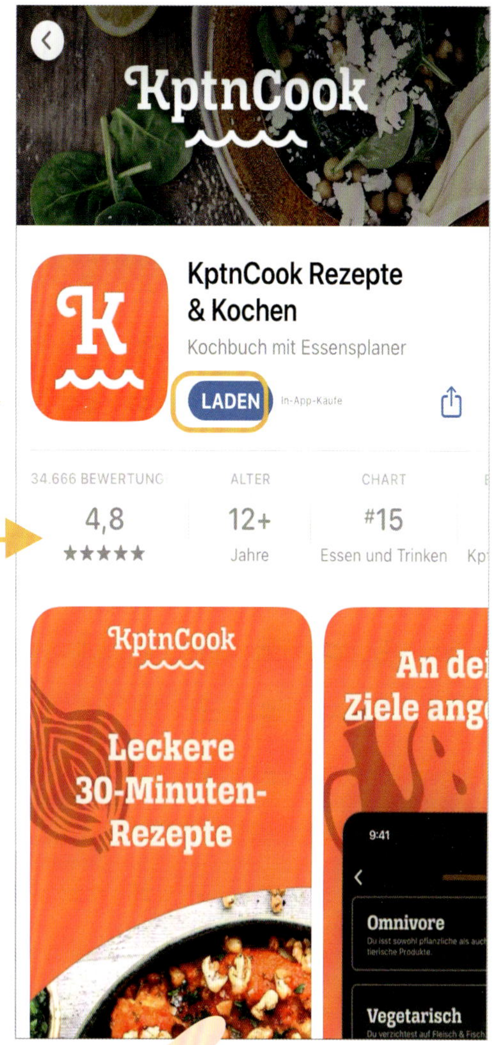

In dieser Zeile finden Sie ein Bewertungssystem mit Sternen. Dieses zeigt Ihnen an, wie andere Nutzer*innen die App finden. Die Bewertung kann zwischen 0 und 5 Sternen abgegeben werden. 5 Sterne sind dabei die beste Bewertung. Weiterhin finden Sie die USK-Kategorie (Altersempfehlung ähnlich wie im Fernsehen die FSK).

Wischen Sie mit Ihrem Finger von oben nach unten, wird Ihnen noch mehr Inhalt zu der App aufgezeigt.

b) App-Berechtigungen

Wenn Sie eine App auf Ihr iPhone herunterladen, können Sie sogenannte App-Berechtigungen überprüfen. Berechtigungen geben an, auf welche Funktionen oder persönliche Daten diese App auf Ihrem iPhone zugreifen darf. Einige der Berechtigungen sind nachvollziehbar und wichtig für die Benutzung der App. So können Sie einer Rezepte-App zum Beispiel die Berechtigung geben, auf die Kamera zuzugreifen, falls Sie selbst ein eigenes Rezept mit Foto hochladen möchten. Auch ein Zugriff auf das Internet wäre hierbei notwendig. Manche Berechtigungen verwundern jedoch. So muss eine Rezepte App weder Zugriff auf Ihren Standort, noch auf die Liste Ihrer Kontakte haben. Es ist also sinnvoll vor dem Herunterladen einer App zu kontrollieren, worauf diese zugreift. Falls Sie dies vor der Installation nicht beachtet haben sollten, können die Berechtigungen nach dem Herunterladen jederzeit geändert werden. Um zu überprüfen, auf welche Berechtigungen die App zugreift, kommt es darauf an, ob Sie diese schon heruntergeladen/installiert haben oder nicht. Im Folgenden werden Ihnen beide Wege aufgezeigt:

APP BERECHTIGUNGEN VOR DEM HERUNTERLADEN ÜBERPRÜFEN

Um die App-Berechtigungen vor dem Herunterladen der App zu überprüfen, wischen Sie in der App-Übersicht von unten nach oben, bis das Wort APP-DATENSCHUTZ erscheint.

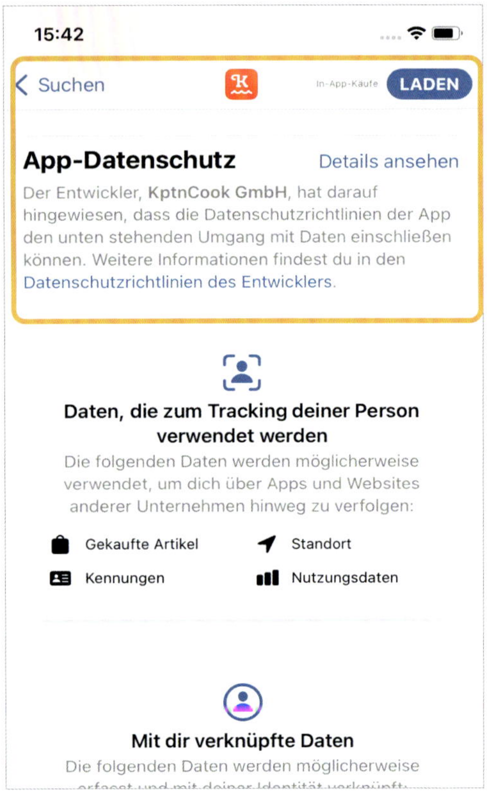

Hier wird Ihnen mithilfe einer kleinen Übersicht gezeigt, auf welche Berechtigungen die App zugreift. Tippen Sie für weitere Details auf DETAILS ANSEHEN.

Nachdem Sie auf DETAILS ANSEHEN getippt haben, bekommen Sie eine Liste der Berechtigungen angezeigt, welche auf Ihr iPhone zugreifen würden.

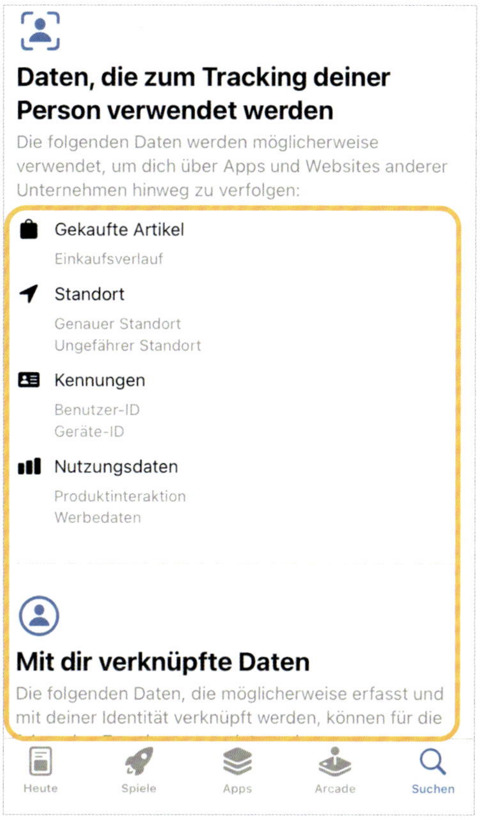

APP-BERECHTIGUNGEN NACH DEM HERUNTERLADEN ÜBERPRÜFEN

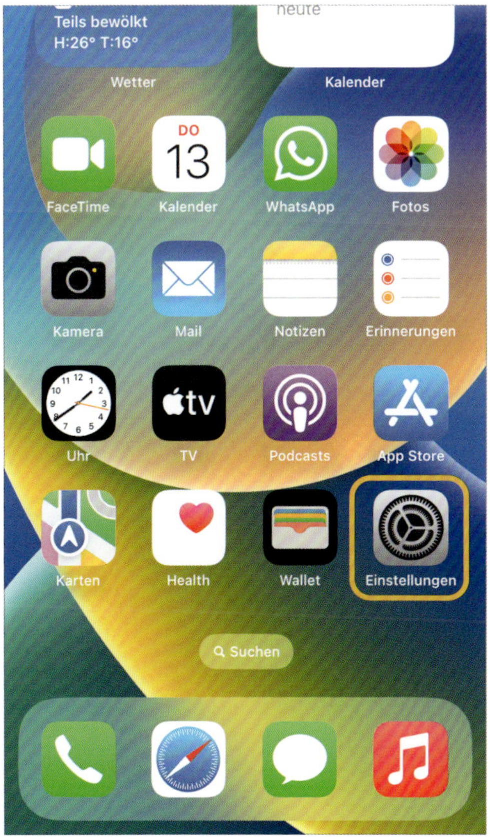

Um Ihre App-Berechtigungen zu überprüfen, nachdem Sie eine App heruntergeladen haben, müssen Sie in die EINSTELLUNGEN Ihres iPhones tippen. Kleine Erinnerung: Diese finden Sie meistens auf der Startseite Ihres iPhones (die App mit einem Zahnrad).

Wischen Sie in den Einstellungen so weit von unten nach oben, bis Sie zu Ihren heruntergeladenen Apps kommen. Diese sind alphabetisch geordnet und bieten eine Gesamtübersicht aller Apps, die auf Ihrem iPhone gespeichert sind, wie die App in unserem Beispiel "Kptn Cook". Tippen Sie die App an, bei der Sie die Berechtigungen ändern bzw. überprüfen möchten. Sie gelangen zu den App-Infos.

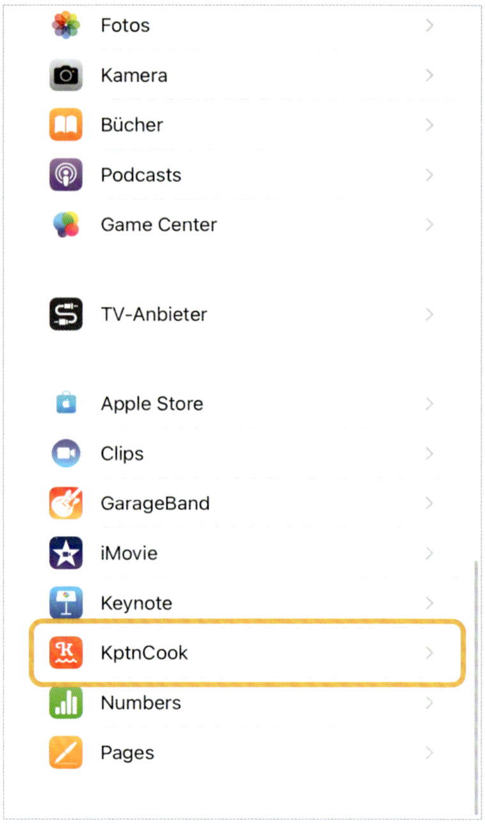

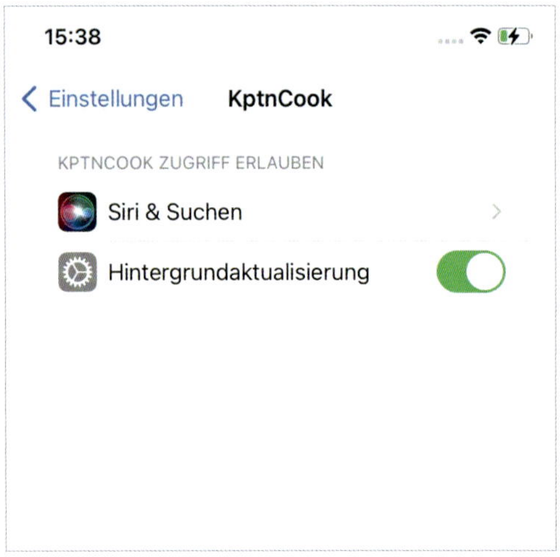

In unserem Beispiel greift die App auf keine gravierende Berechtigungen zu. Die HINTERGRUNDAKTUALISIERUNGEN erlauben, dass die App z.B. nach Updates (Begriffserklärung auf Seite 137) und neuen Inhalten suchen darf. Somit bleibt die App immer aktuell. Siri & Suchen wird Ihnen auf der nächsten Seite erklärt.

Es ist möglich, die Berechtigungen für nahezu alle Apps auch nachträglich anzupassen. Es empfiehlt sich jedoch, innerhalb der App Anfragen für Berechtigungen abzulehnen, die für die ordnungsgemäße Funktion der App nicht unbedingt erforderlich sind. Es ist jedoch wichtig zu beachten, dass bestimmte App-Berechtigungen notwendig sein können, damit die App ihre Funktionen erfüllen kann. Zum Beispiel benötigt eine Pilz-App möglicherweise Zugriff auf den Standort, um die Region zu überprüfen und damit verbundene Pilzarten anzuzeigen.

Neue Nachricht

Von: INFO-BOX

Betreff: Was ist Siri & Suchen?

Unter Siri & Suchen versteht man grob "Vorschläge von Apple", um eine Art intelligente Favoritenliste für Sie anzulegen. Diese erscheint an unterschiedlichen Stellen, wie z.B. bei Ihren Siri-Vorschlägen (Wenn Sie mitten auf dem Startbildschirm mit Ihrem Finger schnell nach unten wischen, erscheinen mehrere Apps als Siri-Vorschläge). Wenn Sie zum Beispiel Abends regelmäßig die Tagesschau App lesen, erscheint diese Abends regelmäßig in Ihren Siri-Vorschlägen, während Sie morgens zum Beispiel Ihre Wetter-App angezeigt bekommen, da Sie dies eher während des Frühstücks anschauen. Um Siri & Suchen zu deaktivieren, können Sie mit Ihrem Finger auf den entsprechenden kleinen Pfeil rechts tippen und die grün leuchtenden Schalter ausschalten.

SENDEN

Schaut man sich im Gegenzug beispielsweise die App WHATSAPP an, greift diese auf viel mehr Berechtigungen zu. Dies muss sie aber auch, wenn alle Funktionen von WhatsApp genutzt werden sollen (z.B. Fotos verschicken, Sprachaufnahmen, Videoanrufe usw.)

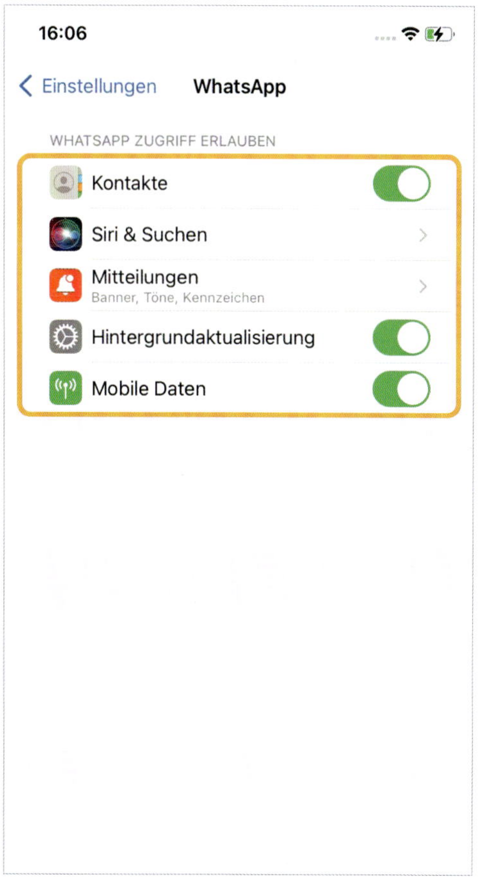

10. EFFEKTIV UND SICHER INS INTERNET

Das Internet ist aus dem Leben kaum mehr wegzudenken. Sei es, um nur einmal kurz etwas zu recherchieren, um online einzukaufen oder auch seine Bankgeschäfte zuhause zu erledigen. Viele Tätigkeiten, die früher zu Fuß oder per Telefon arrangiert wurden, lassen sich heutzutage bequem von zu Hause aus erledigen oder können gar nur noch über das Internet erledigt werden. Beispielsweise gibt es Arztpraxen, die ihre Termine nur noch online vergeben. Damit Sie über das Internet Ihre Tätigkeiten erledigen können, brauchen Sie einen sogenannten Browser (man spricht: Brauser). Ein Browser ist Ihre "Tür" zum Internet. Mit diesem können Sie sogenannte Internetseiten, oder auch Webseiten genannt, öffnen. Sie können das Internet, also den Browser, nicht nur am Computer nutzen, sondern auch am iPhone. Um das Ganze besser zu verstehen, wird Ihnen in diesem Kapitel aufgezeigt, welche bekannten Browser es gibt, wie Sie diese benutzen und was Sie sonst noch über das "Surfen" im Internet wissen müssen. Zuvor gibt es allerdings eine kleine Begriffserklärung, damit Sie die Fachsprache des Internets besser verstehen:

Surfen (man spricht: sörfen)

Surfen kennen Sie wahrscheinlich schon vom Wassersport. Dort "reitet" man von einer Welle zur nächste. Im Internet ist es im Grundsatz nicht anderes. Nur surfen wir hier nicht von Welle zu Welle, sondern wir surfen von einer Internetseite zur nächsten.

Online (man spricht: onlein)

"Online" ist der Begriff, der aufzeigt, dass Sie mit dem Internet verbunden sind. Man sagt: "Ich habe online nach Rezepten gesucht."

Webseite (man spricht: Wäbseite)

Eine Webseite ist eine im Internet virtuell dargestellte Präsenz von Unternehmen, von Ämtern, Privatpersonen usw. Die Webseite dient hierbei zum Veröffentlichen von Informationen.

Web (man spricht: Wäb)

Das Internet wird auch als World Wide Web (man spricht: Wörld Weid Wäb) bezeichnet, auf Deutsch: Weltweites Netzwerk. Die Abkürzung hierfür ist Web oder auch www.

10.1 WELCHE BEKANNTEN BROWSER GIBT ES?

"Browser" kommt aus dem Englischen und bedeutet übersetzt "stöbern". Mit dem Browser können Sie im Internet "herumstöbern". Es gibt eine Vielzahl von unterschiedlichen Browsern, die Ihnen helfen, mit einer Internetadresse auf eine bestimmte Webseite zu gelangen. Die bekanntesten Browser sind Chrome, Microsoft Edge, Mozilla Firefox, Opera und Safari.

CHROME, entwickelt von Google, gilt als einer der beliebtesten und am weitesten verbreiteten Browser, ist allerdings nicht der datensparsamste. Auch der Browser MICROSOFT EDGE, der standardmäßig bei allen Computern mit einem Microsoft Betriebssystem vorinstalliert ist, sammelt viele persönliche Daten von uns. MOZILLA FIREFOX hat einen starken Fokus auf Datenschutz und Sicherheit. Er bietet eine Vielzahl von Einstellungen, mit denen Sie Ihr "Surferlebnis" an Ihre individuellen Bedürfnisse anpassen können. OPERA ist ein weiterer Browser, der sich durch seinen datenschutzsparsamen Ansatz auszeichnet. Er verfügt z.B. über einen integrierten Werbeblocker. SAFARI ist der Browser von Apple und kommt standardmäßig auf allen Apple-Geräten zum Einsatz. Auch er gilt als sehr datensparsam. Falls der Browser, den Sie nutzen möchten, nicht auf Ihrem iPhone vorinstalliert ist, können Sie ihn ganz einfach im App Store (siehe Kapitel 9, Seite 80: Wie lade ich eine App herunter) herunterladen, wie z.B. Firefox.

10.2 WAS IST EINE INTERNETADRESSE?

Mit einer Internetadresse können Sie über einen Browser auf eine bestimmte Webseite gelangen. Die Internetadresse wird auch URL (Englisch für: Uniform Resource Locator) genannt und heißt im Deutschen so viel wie "Einheitlicher Quellenweiser".

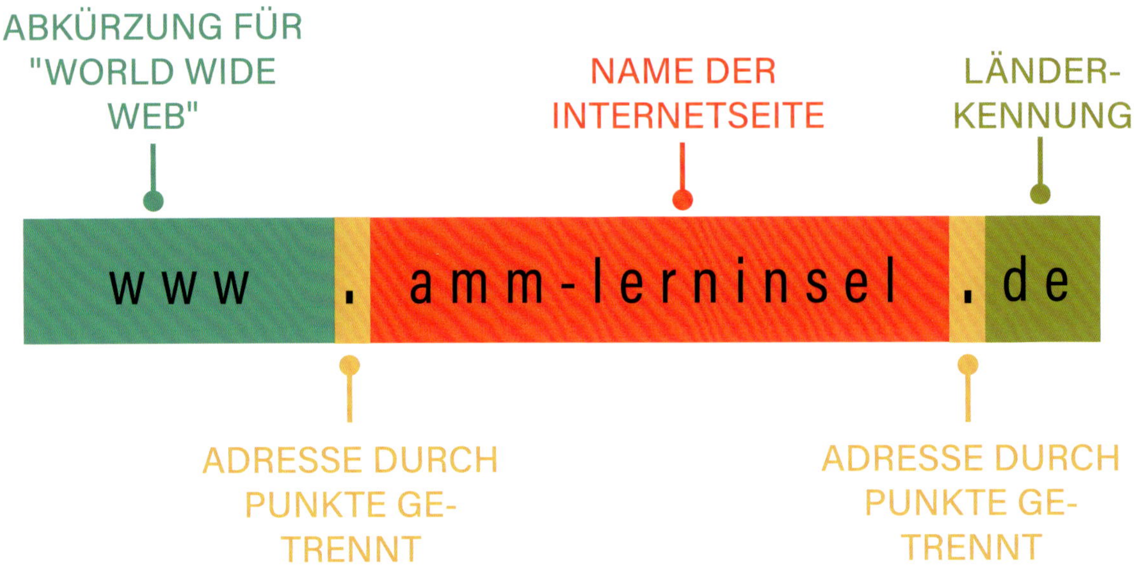

Die Internetseite zur Weiterbildung unseres Projektes AKTIV MIT MEDIEN lautet beispielsweise www.amm-lerninsel.de. Hierfür steht "www" für "World Wide Web", durch einen Punkt getrennt kommt dann der Name der Internetseite und wieder durch einen Punkt getrennt steht "de" für Deutschland. Die Kennung nach dem letzten Punkt steht dabei oft für ein bestimmtes Land wie z.B. "fr" für Frankreich oder auch "eu" für die Europäische Union.

Neben den Länderkennungen gibt es auch zahlreiche andere Erkennungsformen, die unterschiedliche Zwecke oder geografische Regionen repräsentieren. Zum Beispiel steht "com" für kommerzielle Websites, "org" für Organisationen, "edu" für Bildungseinrichtungen und "gov" für Regierungsseiten. Diese Erkennungen helfen dabei, die Art der Website oder die Art der Organisation zu kennzeichnen, was nützlich ist, um auf einen Blick Informationen über den Zweck der Seite zu vermitteln.

10.3 WELCHER BROWSER IST FÜR MICH DER RICHTIGE?

Die Auswahl des richtigen Browsers hängt von Ihren individuellen Vorlieben, Anforderungen und dem verwendeten Gerät ab. Hier sind einige Punkte zu beachten, die Ihnen bei der Entscheidung helfen können:

Betriebssystem: Wenn Sie ein Windows-Betriebssystem verwenden, ist der vorinstallierte Browser MICROSOFT EDGE, bei einem Android-Gerät CHROME, bei einem Apple-Gerät SAFARI.

Datenschutz: Wenn Datenschutz für Sie wichtig ist, sollten Sie sich für Browser wie SAFARI, MOZILLA FIREFOX oder OPERA entscheiden, die einen starken Fokus auf Sicherheit und Datenschutz legen.

Benutzerfreundlichkeit: Ein benutzerfreundlicher Browser ist wichtig, um eine angenehme und einfache Nutzung zu gewährleisten. Probieren Sie verschiedene Browser aus, um herauszufinden, welcher Ihnen am besten gefällt und Ihnen eine leichte Bedienung bietet.

10.4 SIND ALLE BROWSER GLEICH SICHER?

Nein! Wie schon erwähnt gibt es große Unterschiede. So sollte ein guter Browser auf wenige Informationen auf Ihrem Gerät zugreifen. Der Browser CHROME beispielsweise gehört zu dem Unternehmen Google. Google sammelt und analysiert viele Daten von uns. Auch MICROSOFT EDGE wird dies nachgesagt. Der in Deutschland beliebteste Browser bei Nicht-Apple-Geräten ist FIREFOX. Das Unternehmen legt wenig Wert darauf von Ihnen Daten zu sammeln und gehört daher mit zu den sichersten Browsern in Puncto Privatsphäre. Auch SAFARI, der Browser von Apple ist sehr sicher und daher für Ihr iPhone in der Nutzung auch zu empfehlen!

10.5 WIE WIRD EIN BROWSER GENUTZT?

Um einen Browser richtig nutzen zu können, müssen Sie einige Funktionen lernen. Die meisten Browser sind in der Regel ähnlich aufgebaut. Wir zeigen Ihnen Beispiele anhand der AMM-Lerninsel-Webseite im Browser SAFARI, in der iPhone-Ansicht. Tippen Sie zu erst mit Ihrem Finger auf das Safari-Symbol auf Ihrer Startseite.

SAFARI BROWSER

a) URL-Leiste/ Suchleiste für Internetadresse

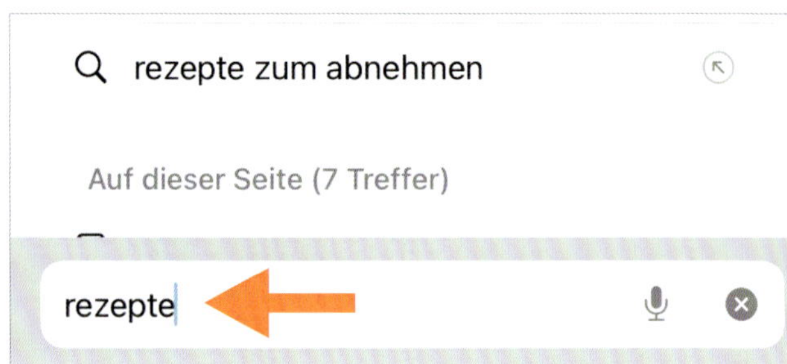

Tragen Sie in das weiße Suchfeld die Adresse ein, um auf eine gewünschte Webseite zu kommen. Hierfür müssen Sie mit Ihrem Finger in das weiße Feld hineintippen und die Tastatur öffnet sich. Die Leiste dient dabei auch als Suchfeld. Suchen Sie bspw. nach Rezepten, werden Ihnen Suchergebnisse vorgeschlagen. Hierbei spielt die Groß- und Kleinschreibung keine Rolle. Bei älteren iPhones ist die Suchleiste oben zu finden, die Funktion bleibt aber gleich.

b) Neuer Tab/ New Tab (englisch)

Wenn Sie sich im Internet aufhalten, stolpern Sie sicherlich öfters über den Begriff TAB. Egal welchen Browser Sie nutzen, dieses Wort ist sowohl auf dem iPhone, als auch auf dem Computer zu finden. Ein Tab ist dabei nichts anderes als eine bereits geöffnete Webseite, der hervorgehobene Tab ist die aktuelle Webseite, auf der Sie sich befinden. Sie könnten das Wort auch gleichsetzen mit Reiter oder Karteikarte. Sie können mehrere Tabs, also Webseiten, gleichzeitig öffnen, wenn Sie auf das Symbol mit den zwei übereinanderliegenden Vierecken tippen.

Um einen neuen Tab zu öffnen, müssen Sie nun nochmals auf das PLUS-Zeichen tippen und es öffnet sich ein neuer Tab, welchen Sie wieder mit einer Webseitenadresse (URL) bestücken können. Auch können Sie immer wieder zwischen den unterschiedlichen Seiten hin und her springen, indem Sie mit dem Finger auf die jeweilige Seite klicken.

c) Lesezeichen-Leiste

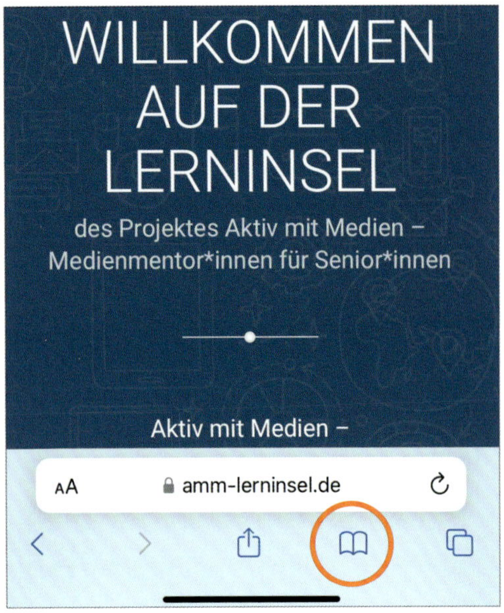

Mit der Lesezeichen-Leiste können Sie sich Ihre Lieblingswebseiten für später speichern. Hierfür müssen Sie erst auf eine gewünschte Webseite gehen, wie in diesem Fall auf die AMM-Lerninsel. Tippen Sie dafür lange auf das kleine Buchsymbol unter der Suchleiste (bei älteren iPhones daneben).

Es öffnen sich zwei Optionen. Tippen Sie auf die Option LESEZEICHEN HINZUFÜGEN. Es öffnet sich ein weiteres Feld. Tippen Sie dort auf SICHERN oben rechts.

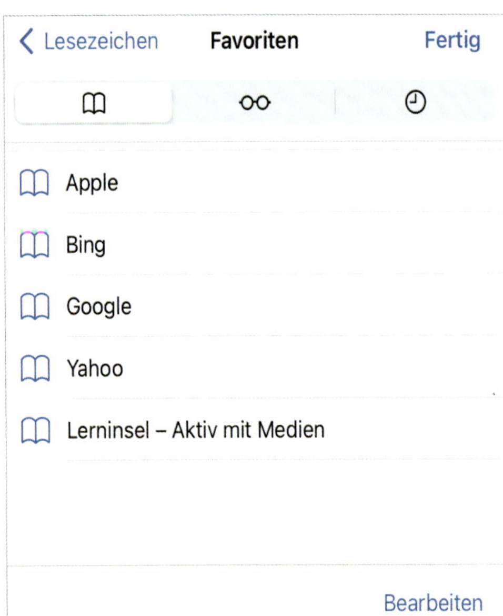

Tippen Sie das nächste Mal kurz auf das Buchsymbol, zeigt es Ihnen die gespeicherten Webseiten an, wie in diesem Fall die AMM-Lerninsel.

SENIOR*INNEN VON HEUTE? GAR NICHT ALTE SCHULE!

11. INTERNET- UND APP-TIPPS

Wer denkt, das Internet ist nur etwas für junge Menschen, der irrt sich. Es gibt eine Reihe an Webseiten und Apps, die für Sie wichtig sein können. Sei es, um der Enkelin oder einem Bekannten Videos oder Fotos zu schicken oder zu empfangen. Oder auch, um den Alltag einfacher zu gestalten, bspw. um zu schauen, wo es das günstigste Benzin im Umkreis gibt. All das ist mit dem Alleskönner "iPhone" möglich. Diese Auflistung soll für Sie als Impuls dienen. Die Apps, welche wir Ihnen hier vorstellen, wurden im Besonderen auf die Kriterien Beliebtheit, Werbung, Datenschutz und/oder Kosten geprüft und können sich jederzeit durch die Hersteller ändern. Die Informationen beruhen auf den Auskünften im App Store. Natürlich gibt es noch zahlreiche weitere gute Apps.

Neue Nachricht

Von: INFO-BOX

Betreff: Was sind Apps? Eine ausführliche Erklärung!

Apps sind ein integraler Bestandteil der heutigen digitalen Welt und ermöglichen es uns, verschiedene Aufgaben auf unseren Geräten auszuführen. Durch ihre Vielfalt und Funktionalität haben sie unser tägliches Leben vereinfacht und bereichert. Das Wort APP ist eine Abkürzung für das englische Wort "Application". Auf Deutsch kann man es mit einem kleinen Computerprogramm übersetzen oder auch mit dem Wort "Anwendung". All die kleinen Symbole, welche Sie an Ihrem Gerät auf der Startseite oder auch im Menü sehen, sind kleine Apps, also kleine Computerprogramme, die etwas ausführen. Die App WhatsApp ist beispielsweise darauf programmiert, Nachrichten und/oder Bilder von A nach B zu schicken bzw. Videoanrufe zu steuern usw. In der Telefon-App bspw., die auf Ihren Geräten schon vorinstalliert ist, können Sie telefonieren und Kontakte abspeichern usw.

SENDEN

ALL DIESE KLEINEN SYMBOLE AUF IHREM IPHONE SIND APPS.

11.1 DIGITALE KOMMUNIKATIONSMÖGLICHKEITEN

a) WhatsApp

WHATSAPP ist die am häufigsten genutzte App, um kostenlos über das Internet Nachrichten zu verschicken. Neben Textnachrichten können Sie u. a. auch Sprachnachrichten, Bilder und Dateien versenden. Die App ermöglicht nicht nur normale Telefonate, sondern auch Videoanrufe, damit Sie mit Ihren Liebsten in digitaler Form in Kontakt bleiben können. Zusätzlich bietet WhatsApp Gruppenchat-Funktionen, mit denen Sie mit mehreren Personen gleichzeitig kommunizieren können. Diese Funktion ist besonders nützlich für Familien, Freundeskreise oder berufliche Teams, da sie eine effiziente und zentrale Kommunikation ermöglicht. Da WhatsApp zum Unternehmen Meta (ehemals Facebook) gehört, werden bei der Installation der App verschiedene Berechtigungen angefordert, beispielsweise für den Zugriff auf Fotos, Kontakte und den Standort. Aus diesem Grund ist es wichtig, diese Berechtigungen sorgfältig zu verwalten (siehe Kapitel 9, Seite 81: App-Berechtigungen).

WhatsApp
keine Kosten
keine Werbung

b) Threema

THREEMA ist die datensichere Alternative zu WhatsApp. Zwar kostet die App einmalig knapp 5 €, die Betreiber versprechen hierfür aber maximale Sicherheit. Der Unterschied zu WhatsApp ist, dass bei Threema Ihre Daten nicht auf einem zentralen Server abgelegt werden. Somit sind sie für Außenstehende und das Unternehmen dahinter nicht leicht zu "klauen". Auch verlangt die App keinen Zugriff auf Daten, die nicht ausdrücklich für die Nutzung von Threema gebraucht werden. Die App bietet fast alle Funktionen an, die Ihnen auch bei WhatsApp zur Verfügung stehen.

Threema
einmalig 5,99€
keine Werbung

c) Signal

Eine weitere datensichere Alternative zu WhatsApp ist der kostenlose Messenger-Dienst (Englisch für: Nachrichtendienst) SIGNAL. Auch dieser Messenger verspricht durch seine Technologie und die Unabhängigkeit von großen Technologiekonzernen maximale Datensicherheit und Privatsphäre. Die App ist kostenlos und bietet den gleichen Funktionsumfang wie WhatsApp bzw. Threema. Auch hier können Sie nur mit Kontakten kommunizieren, welche die App ebenfalls nutzen (also auf dem iPhone Signal als App drauf haben). Sollte einer Ihrer Kontakte Signal neu nutzen, werden Sie benachrichtigt, so dass Sie immer genau wissen, wer nun auch Signal nutzt. Diese Benachrichtigung ist aber auch abschaltbar. Signal bietet wie WhatsApp und Threema auch eine Desktop-Version an (nutbar auf dem Computer), die eine nahtlose Kommunikation über verschiedene Geräte hinweg ermöglicht. Die Nutzung der App ist intuitiv gestaltet und erleichtert den Umstieg von anderen Messaging-Apps.

Signal
keine Kosten
keine Werbung

d) Postando

Mit POSTANDO haben Sie die Möglichkeit, Ihre persönlichen Erlebnisse direkt in eine individuelle Postkarte zu verwandeln, sei es vom Computer aus oder über die App. Das Hochladen Ihres eigenen Fotos ermöglicht es Ihnen, das Design Ihrer Karte maßgeschneidert zu gestalten. Sie können dabei aus einer Vielzahl von Vorlagen wählen oder komplett frei gestalten – Ihrer Kreativität sind keine Grenzen gesetzt. Nachdem Sie Ihren persönlichen Text hinzugefügt und die Adresse des Empfängers eingetragen haben, übernimmt Postando den gesamten Versandprozess für Sie. Von der professionellen Druckqualität bis hin zur sorgfältigen Auswahl der Briefmarke wird alles für Sie erledigt. Der Service ist für eine Gebühr von 2,49€ pro Karte verfügbar und bietet eine bequeme Möglichkeit, Ihre Grüße, Urlaubserinnerungen oder besonderen Momente mit Freunden und Familie zu teilen. Alternativ steht die App "Urlaubsgruß" zur Verfügung, die bereits ab 2,29 € pro Karte versenden.

11.2 EINKAUFEN

a) myTime.de

MYTIME.DE bietet Ihnen Lebensmittellieferung direkt bis an die Haustür an. Hier bestellen Sie Ihre Lebensmittel und Haushaltswaren bequem online von zu Hause aus. Falls Sie keinen Laptop oder Computer zur Hand haben sollten, können Sie auch per iPhone bestellen. Trockenprodukte werden mit DPD/DHL gegen eine Gebühr von 5,49 € geliefert; ab 70,– € versandkostenfrei. Bei Kühl- und Tiefkühlartikel gibt es einen Frischezuschlag in Höhe von 5,90 €. Hier kann durch spezielle Kühlverpackungen die Frische der Lebensmittel (Quelle: mytime.de) gewährleistet werden. Ein großer Vorteil des Services von MyTime.de ist, dass es keinen Mindestbestellwert gibt. Sie können also unabhängig von der Höhe Ihres Einkaufs, den Lieferservice zu nutzen. Dies ist praktisch, da Sie somit auch kleinere Einkäufe bequem online erledigen können. Der Lieferdienst liefert deutschlandweit.

myTime.de

www.mytime.de

5,49€ und/oder 5,90€

keine Werbung

b) Bring!

Die BRING! App ist eine beliebte Einkaufslisten-App, die entwickelt wurde, um das Einkaufen und die Organisation von Einkaufslisten zu erleichtern. Sie bietet eine benutzerfreundliche Oberfläche, die das Erstellen und Teilen von Einkaufslisten mit mehreren Personen einfach macht. Der Vorteil der Bring!-App im Vergleich zum handgeschriebenen Einkaufszettel liegt in der praktischen und vielseitigen Funktionalität. Die Bring!-App ermöglicht eine übersichtliche und digitale Organisation von Einkaufslisten. Sie können somit Artikel hinzufügen, löschen oder bearbeiten, ohne dass Sie den Zettel neu schreiben müssen. Dadurch bleibt die Liste immer aktuell und fehlerfrei. Außerdem ermöglicht es die App, Einkaufslisten einfach mit anderen Personen zu teilen. Dies ist ideal für Paare, Familien oder Mitbewohner*innen, die gemeinsam einkaufen gehen oder Aufgaben verteilen möchten. Jeder kann Änderungen oder Ergänzungen vornehmen, und alle Beteiligten haben Zugriff auf dieselbe aktualisierte Liste. Weiterhin verfügt die App über eine umfangreiche Produktdatenbank, die das Eingeben von Artikelnamen vereinfacht. Die App schlägt automatisch gängige Produkte vor und zeigt an, in welchem Geschäft sie normalerweise erhältlich sind.

Bring!

App kostenlos/ In-App-Käufe möglich

enthält Werbung

Neue Nachricht

Von: INFO-BOX

Betreff: In-App-Käufe

In-App-Käufe sind zusätzliche Inhalte und Funktionen, die Sie innerhalb einer App erwerben können. Diese Käufe finden direkt in der App statt, ohne dass Sie die App verlassen müssen. Häufig werden In-App-Käufe verwendet, um werbefreie Versionen von Apps anzubieten, den Zugriff auf Premium-Funktionen freizuschalten, virtuelle Währungen oder Gegenstände für Spiele zu kaufen oder Abonnements für Dienste abzuschließen. Auch hier können Sie nichts aus Versehen kaufen, solange Sie keine Zahlungsmethode hinterlegt haben. Auch müssen Sie sich keine Sorgen machen – In-App-Käufe sind völlig normal und müssen von Ihnen nicht genutzt werden. Die App selbst können Sie trotzdem ohne In-App-Käufe verwenden.

SENDEN

11.3 GESUNDHEIT

a) Ratiopharm Rückenschule

Die RATIOPHARM RÜCKENSCHULE App bietet Ihnen eine Auswahl von 24 Übungen, die darauf ausgerichtet sind, verschiedene Rückenbereiche und Muskeln anzusprechen. Jede dieser Übungen wird in Videoanleitungen präsentiert, die von Physiotherapeuten durchgeführt und erklärt werden. Dadurch wird sichergestellt, dass Sie die Übungen korrekt ausführen. Durch die Möglichkeit, Trainingspläne in der App zu erstellen und zu speichern, haben Sie die Freiheit, Ihr Rückentraining an Ihre persönlichen Bedürfnisse und Fitnessziele anzupassen. Sie können beispielsweise Übungen auswählen, die sich auf Rückenprobleme konzentrieren oder Muskelgruppen stärken.

ratiopharm

Ratiopharm Rückenschule

App kostenlos

keine Werbung

b) Digitale Hausapotheke

Die App DIGITALE HAUSAPOTHEKE unterstützt Sie dabei, Ihre Medikamente pünktlich einzunehmen und die richtige Dosierung zu beachten. Dadurch entfallen Zweifel, ob Sie Ihre Medikamente bereits eingenommen haben. Die benutzerfreundliche App bietet genau das, was sie verspricht: die Organisation und Verwaltung Ihrer Medikamente! Ein weiterer praktischer Aspekt besteht darin, dass Sie Ihre Medikamente einfach über den Barcode auf der Packung scannen können. Die App erkennt automatisch, um welches Medikament es sich handelt und hinterlegt alle relevanten Informationen für Sie.

Digitale Hausapotheke
mit Medikationsplan

- Digitale Hausapotheke
- App kostenlos
- keine Werbung

c) Notfall-Apps

Im Laufe des Älterwerdens steigt das Risiko, in Notfallsituationen oder gefährliche Situationen zu geraten, sei es durch Stürze oder plötzliche Krankheiten. In solchen schockierenden Momenten kann es schwierig sein, sich verständlich auszudrücken. Aus diesem Grund kann eine Notruf-App für Senior*innen von großem Nutzen sein. Eine beliebte kostenlose Notruf-App ist zum Beispiel NOTFALL ID NOTFALLPASS:

Mit der App Notfall-ID Notfallpass kann der/die zuständige Sanitäter*in vor Ort sofort reagieren und auf lebensrettende Informationen zugreifen. Mit der Notfall-ID Notfallpass-App und den passenden Produkten von Notfall-ID ist man für medizinische Probleme und Notfälle gerüstet. Zwischen dem Notfall, dem Absetzen des Notrufs und dem Eintreffen der Rettungskräfte verbleibt diesen nur wenig Zeit, um die Situation einzuschätzen und angemessen zu reagieren. Durch die Notfallkarte, den Notfallsticker Rett-Button und dem Notfall-Armband, erfahren Rettungskräfte binnen kürzester Zeit wichtige Informationen zu Vorerkrankungen, Allergien, Medikationen und relevanten Notfalldaten über die betroffene Person.

NOTFALL-ID save your life

- www.notfall-id.de
- App kostenlos/ In-App-Käufe möglich
- keine Werbung

NORA ist die offizielle Notruf-App der Bundesländer. Mit der App erreichen Sie überall in Deutschland Polizei, Feuerwehr und Rettungsdienst im Notfall schnell und einfach. nora nutzt die Standort-Funktion Ihres iPhones, um Ihren genauen Standort an die zuständige Einsatzleitstelle zu übermitteln. So können Sie besser gefunden werden, vor allem wenn Sie selber nicht genau wissen, wo Sie sind. Über die App können Sie außerdem Notrufe absetzen, ohne sprechen zu müssen. Das ermöglicht Menschen mit eingeschränkten Sprach- und Hörfähigkeiten den direkten Kontakt zu den Leitstellen. Obwohl die erste Einrichtung etwas kompliziert sein kann und ggf. Unterstützung erfordert, ist die Bedienung der App im Notfall jedoch sehr einfach und benutzerfreundlich. Die App führt Nutzer*innen in wenigen Schritten durch den Notrufprozess, sodass Sie sich in jeder Notlage sicher und gut unterstützt fühlen können.

nora

- nora - Notruf App
- keine Kosten
- keine Werbung

11.4 MOBILITÄT IM ALLTAG

a) DB Navigator – Deutsche Bahn

Der DB NAVIGATOR der Deutschen Bahn ist eine Multifunktions-App, rund um das Thema "Fahren mit öffentlichen Verkehrsmitteln". Sie können sich hierbei nicht nur über Bahnfahrten informieren, sondern auch über weitere öffentliche Verkehrsmittel, wie beispielsweise Bus und Straßenbahn. Sobald Sie einen Start- und Zielbahnhof eingegeben haben, zeigt Ihnen die App viele passende Reiseverbindungen an. Durch das GPS an Ihrem iPhone können Sie auch vor oder während einer Fahrt checken, ob Ihr Zug Verspätung hat, welche Zwischenbahnhöfe noch bis zum Ziel kommen usw. Weiterhin können

Sie auch über die App Ihre Fahrkarten buchen. Sie erhalten einen sogenannten QR-Code, der als Fahrkarte dient. Das Installieren der App ist kostenlos.

DB Navigator
Fahrkarten können gekauft werden
keine Werbung

b) Erfurt mobil – Erfurter Verkehrbetriebe AG

Mit der ERFURT MOBIL App der Stadtwerke können Sie Ihre Straßenbahn- und Busfahrten im Erfurter Nahverkehr planen. Es werden die Abfahrten nahe gelegener Haltestellen (Achtung: Standortfreigabe [GPS] in den Schnelleinstellungen muss erteilt werden!) angezeigt oder Sie können Start- und Zielhaltestelle festlegen. Zusätzlich werden Informationen über Verspätungen usw. angezeigt. Für den Kauf von digitalen Fahrkarten muss die App FAIRTIQ genutzt werden. Abo-Karten können in der App gekauft werden. Die meisten Verkehrsbetriebe großer Städte haben eine ähnliche App. Das Installieren der App ist kostenlos.

SWE EVAG

Erfurt mobil
Fahrkarten können gekauft werden
keine Werbung

c) FAIRTIQ

Die App FAIRTIQ ermöglicht es Ihnen, im gesamten Verkehrsverbund Mittelthüringen (VMT) sowie in vielen anderen Regionen in Deutschland & Europa Fahrkarten mit nur einem Wisch mit dem Handy zu kaufen. Hierfür muss ein Zahlungsverfahren (je nach Verkehrsbetrieb i.d.R. PayPal oder Kreditkarte) hinterlegt werden und Sie müssen die Standortfreigabe erteilen. Sind sie z.B. am Erfurter Hauptbahnhof und haben den Verkehrsverbund Mittelthüringen eingestellt, wird dies automatisch erkannt und Sie können auf Knopfdruck Ihre Fahrt starten. Verrechnet wird das preisoptimierte Ticket im Nachgang, eine Auswahl des Tarifs am Ticketautomaten ist nicht mehr notwendig. Das Installieren der App ist kostenlos.

FAIRTIQ
Fahrkarten können gekauft werden
keine Werbung

d) Komoot

KOMOOT ist eine vielseitige App, die speziell für Outdoor-Aktivitäten wie Wanderungen und Fahrradtouren entwickelt wurde. Sie ermöglicht es Ihnen, Routen basierend auf Ihrem aktuellen Standort oder einem bestimmten Ziel zu planen. Dabei bietet Komoot eine Auswahl an Routenvorschlägen, die Sie nach Länge, Schwierigkeitsgrad und Geländeart filtern können. Während Ihrer Tour fungiert Komoot als Ihr persönlicher Navigator. Die App zeigt Ihnen eine detaillierte Karte Ihrer Route an und gibt Ihnen klare Anweisungen, um sicherzustellen, dass Sie unterwegs auf dem richtigen Pfad bleiben. Dies ist besonders nützlich, wenn Sie neue Gegenden erkunden oder abseits ausgetretener Pfade unterwegs sind. Neben der Navigation bietet Komoot auch die Möglichkeit, Ihre Erlebnisse mit anderen zu teilen.

Komoot
keine Kosten
enthält Werbung

e) Google-Maps

Google Maps ist eine äußerst vielseitige und hilfreiche App, die Ihnen dabei hilft, sich in der komplexen Welt zurechtzufinden. Mit detaillierten Karten für fast jeden Winkel der Erde bietet sie nicht nur einfache Navigation, sondern auch eine Fülle an Informationen, die Ihre Reiseplanung verbessern können. Sie können nicht nur den besten Weg von Punkt A nach Punkt B finden, sondern auch Echtzeit-Verkehrsinformationen nutzen, um Staus beim Autofahren zu vermeiden und Ihre Ankunftszeit präzise zu planen.

Eine der bemerkenswertesten Eigenschaften von Google Maps ist ihre Fähigkeit, lokale Geschäfte, Restaurants und Sehenswürdigkeiten anzuzeigen. Durch die Integration von Bewertungen und Fotos können Sie fundierte Entscheidungen treffen und neue Orte entdecken. Die App ermöglicht es Ihnen auch, Routen zu speichern und Ihre Lieblingsorte zu markieren, was sie zu einem persönlichen Reisebegleiter macht.

Für Reisende bietet Google Maps eine Offline-Kartenoption (Karten, die ohne das Internet funktionieren), die besonders nützlich ist, wenn Sie sich in Gegenden mit schlechter Mobilfunkabdeckung oder im Ausland befinden. Sie können vorab Karten herunterladen und dann ohne Internetverbindung navigieren, was sowohl praktisch als auch kosten sparend ist.

Bildquelle: Google

Google-Maps
keine Kosten
keine Werbung

11.5 NÜTZLICHE ALLTAGSHELFER

a) Google-Übersetzer

Die GOOGLE-ÜBERSETZER App kann mehr als 100 verschiedene Sprachen für Sie übersetzen. Sie können entweder den Text über die Tastatur eingeben oder die integrierte iPhone-Kamera über einen Text halten, der dann für Sie automatisch übersetzt wird. Durch die Möglichkeit, die Kamera auf einen fremdsprachigen Text zu richten, kann die App den Inhalt automatisch erkennen und in die gewünschte Zielsprache übersetzen. Diese Funktion erweist sich im Urlaub als äußerst nützlich, wenn Sie sich in einer fremden Umgebung befinden und schnell Informationen von Speisekarten, Straßenschildern etc. benötigen. Darüber hinaus bietet die App eine Offline-Übersetzungsfunktion, die es ermöglicht, Übersetzungen auch ohne Internetverbindung durchzuführen.

Bildquelle: Google

Google Übersetzer
keine Kosten
keine Werbung

b) QR-Scanner

Ein QR-Code, erkennbar an seiner quadratischen Form aus schwarzen und weißen Punkten oder Vierecken, enthält nützliche Informationen wie Internetadressen, WLAN-Zugangsdaten oder Kontaktdaten. Um diese Informationen abzurufen, öffnen Sie die integrierte Kamera-App auf Ihrem iPhone und halten die Kamera auf den QR-Code, als ob Sie ein Foto machen würden. Viele moderne iPhones bieten bereits eine integrierte QR-Code-Scan-Funktion in der Kamera-App. Für Geräte ohne integrierte Scanner-App empfiehlt sich die Nutzung von QR-Scanner (PFA). Diese benutzerfreundliche App schützt Ihre Privatsphäre durch minimale Berechtigungen und bietet Schutz vor bösartigen Links und Schadsoftware. Sie sorgt dafür, dass Sie beim Scannen von QR-Codes sicher bleiben.

QR-Scanner (PFA)
keine Kosten
keine Werbung

c) Benzinpreis-Blitz

Mit der BENZINPREIS-BLITZ-App können Sie sehen, wie gerade die Spritpreise der umliegenden Tankstellen ausfallen. Somit erkennen Sie, welche Tankstelle das zu diesem Zeitpunkt günstigste Benzin verkauft. Dies gilt ebenfalls für Elektrotankstellen. Durch das GPS-System Ihres iPhones (siehe Kapitel 1, Seite 8: GPS/Standort) erkennt die App, an welchem Standort Sie sich befinden und kann Ihnen dadurch Tankstellen in Ihrer Nähe anzeigen. Über die App können Sie sich zur Tankstelle Ihrer Wahl navigieren lassen. Alternativ gibt es auch die ADAC-App, diese ist zwar werbefrei, allerdings bekommt sie in den Bewertungen nur 3,7 Sterne. So könnte also die BENZINPREIS-BLITZ-App eine gute Lösung für Ihre Benzinsuche sein.

Benzinpreis-Blitz – Tanken App
App kostenlos/ In-App-Käufe möglich
enthält Werbung

d) wheelmap.org

Die App WHEELMAP.ORG ist entwickelt worden, um gehbehinderten Menschen Orte anzuzeigen, an denen Barrierefreiheit herrscht. So werden Ihnen Orte wie beispielsweise Cafés und Schwimmbäder angezeigt, die sowohl für Rollstuhlfahrer*innen, als auch Menschen mit anderen Mobilitätseinschränkungen geeignet sind. Durch die Farben rot, gelb und grün (nach dem Ampelsystem) können Sie erkennen, welche Orte rollstuhlgerecht und/oder barrierefrei sind. Es wird versucht Menschen, die in ihrer Mobilität eingeschränkt sind, zu helfen, ihren Alltag leichter zu bewältigen. Momentan sind in Deutschland mehr als 500.000 Orte erfasst und bewertet (Cafés, Bibliotheken, Schwimmbäder und viele weitere).

wheelmap.org
Rollstuhlgerechte Orte finden.

- wheelmap
- keine Kosten
- keine Werbung

11.6 UNTERHALTUNG

a) ARD-/ZDF-Mediathek

Die öffentlich-rechtlichen Fernsehsender, wie die ARD, das ZDF und die regionalen Sender, wie beispielsweise der MDR, WDR usw. kennen wir alle. Wenn auf einem dieser Sender einmal eine Sendung oder ein Film verpasst wurde, dann müssen Sie sich nicht ärgern, da es hierzu seit 2007 die sogenannten Mediatheken gibt, in denen Sie die Programminhalte nachschauen können. Die Inhalte der ARD- und ZDF-MEDIATHEK können Sie bei bestehender Internetverbindung über das Internet auf dem Computer/Laptop oder über Apps auf einem iPhone abrufen. Auf den sogenannten Smart-TVs sind die Mediatheken bereits vorinstalliert. Außerdem können Sie sowohl in der ARD- als auch der ZDF-Mediathek live über das Internet das aktuelle Fernsehprogramm schauen. So können Sie zu jeder Tageszeit die Tagesschau beispielsweise nachschauen. Zudem bieten die Mediatheken oft exklusive Inhalte und zusätzliche Informationen zu den Sendungen, die im regulären Programm nicht verfügbar sind.

ARD Mediathek, www.ardmediathek.de
App kostenlos
keine Werbung

ZDF Mediathek, www.zdf.de
App kostenlos
keine Werbung

b) Lumosity

Das Spiel LUMOSITY ist dafür entwickelt worden, die Konzentrationsfähigkeit zu trainieren. Dafür können täglich verschiedene Aufgaben absolviert werden, um das Gehirn durch Gedächtnis-, Aufmerksamkeits- und Flexibilitätsübungen zu stärken. Das Spiel schneidert Ihnen auf Ihr Alter und Kompetenzgrad passgenau lösbare Aufgaben zu, die sich Ihren Stärken, aber auch Schwächen anpassen. Beispiele hierfür sind u.a., den Nachfolger einer bestimmten Form vorherzusagen oder auch den Zeitpunkt eines springenden Gegenstandes zu erkennen. Laut Hersteller ist nach 10 Wochen regelmäßigen Trainings eine verbesserte Leistungsfähigkeit erkennbar. Insgesamt ist LUMOSITY eine ideale Ergänzung für Menschen jeden Alters, die ihre kognitiven Fähigkeiten verbessern und ihr Gehirn fit halten möchten. Durch das gezielte Training mit LUMOSITY können Sie Ihre geistige Flexibilität steigern, Ihre Aufmerksamkeitsspanne verlängern und Ihr Gedächtnis effektiv trainieren.

Lumosity
App kostenlos/ In-App-Käufe möglich
keine Werbung

c) 6.3. Cewe

Das CEWE FOTOBUCH ist ein personalisierbares Fotoalbum bzw. -buch. Es ermöglicht Ihnen, Ihre eigenen Fotos und Bilder in ein hochwertiges Buch zu verwandeln. Die Idee hinter dem CEWE FOTOBUCH ist es, Ihre Erinnerungen, besondere Momente und fotografische Erlebnisse auf kreative und ästhetische Weise festzuhalten und zu präsentieren. Sie können aus verschiedenen Vorlagen, Designs und Formaten wählen, um Ihr Fotobuch individuell anzupassen. Die Software bietet auch Funktionen zum Hinzufügen von Texten, Bildern und anderen kreativen Elementen, um Ihre Fotobücher noch persönlicher und individueller zu gestalten. Um mit der Erstellung des CEWE FOTOBUCHs zu beginnen, können Sie sich unter www.cewe.de die App kostenlos herunterladen. Für die Handhabung sollten Sie die Inhalte von Kapitel 10 zumindest einigermaßen beherrschen.

- CEWE, www.cewe.de
- Produkteerstellung kostenlos
- keine Werbung

d) Kreuzworträtsel Mobile

Das Spiel Kreuzworträtsel hat eine lange Tradition und erfreut sich sowohl in gedruckter Form als auch in digitaler Version großer Beliebtheit. Die digitale Version des Kreuzworträtsels funktioniert im Wesentlichen genauso wie das traditionelle Spiel in der Zeitung. Auch hier geht es darum, die zu erratenden Wörter in senkrechte oder waagerechte Spalten einzutragen, nur eben digital. Sie bietet zusätzliche Vorteile wie interaktive Funktionen, die das Lösen und Überprüfen der Antworten erleichtern. Sie können zwischen verschiedenen Schwierigkeitsstufen wählen und erhalten oft Hinweise oder Hilfestellungen, um auch knifflige Rätsel lösen zu können.

- Kreuzworträtsel Mobile
- App kostenlos/ In-App-Käufe möglich
- enthält Werbung

Neue Nachricht

Von: INFO-BOX

Betreff: Infobroschüren vom Digital Kompass

Wenn Sie mehr Details über einige der hier vorgestellten Apps wissen möchten oder sich darüber hinaus weiterbilden möchten, gibt es eine ausgezeichnete Quelle für zusätzliche Informationen: die kostenlosen Broschüren des DIGITAL KOMPASS. Diese umfangreichen Broschüren decken eine Vielzahl von Themen ab, darunter auch nützliche Apps und Spiele. Die Broschüren bieten eine Fülle von Informationen und detaillierte Anleitungen und praktische Tipps, die Ihnen helfen, die verschiedenen Funktionen und Möglichkeiten digitaler Anwendungen zu entdecken. Egal, ob Sie mehr über Datenschutz, Sicherheit im Internet, soziale Medien oder den Umgang mit iPhones erfahren möchten, die Broschüren stehen Ihnen als wertvolle Wissensquelle zur Verfügung. Aktuell widmet sich der Digital Kompass verstärkt Menschen, die mit Sinnes- und Mobilitätsbeeinträchtigungen leben. Auf der Webseite finden Sie speziell entwickelte Materialien, die darauf abzielen, digitale Barrieren abzubauen und den Zugang zu digitalen Technologien für Menschen mit unterschiedlichen Beeinträchtigungen zu erleichtern. Diese Initiative betont die Bedeutung von Inklusion und bietet spezifische Hilfestellungen und Empfehlungen, wie digitale Geräte und Anwendungen an die Bedürfnisse von Menschen mit Beeinträchtigungen angepasst werden können. So können Sie sicherstellen, dass digitale Technologien für jeden zugänglich und nutzbar sind.

INTERNETADRESSE:
www.digital-kompass.de/themen/materialien-und-angebote

QR-CODE

SENDEN

11.7 APP- UND WEBSEITEN-LISTE

Im Folgenden finden Sie eine Auswahl weiterer hilfreicher Apps, die Sie im digitalen Einkaufsladen, dem Play Store, finden und herunterladen können. Diese Apps bieten eine Vielzahl von Funktionen, die Ihr Leben einfacher und angenehmer gestalten können. Falls einige dieser Apps auch über Webseiten zugänglich sind, haben Sie die Möglichkeit, sie dort ebenfalls zu nutzen. Die Symbole zeigen Ihnen dabei an, ob die Apps ausschließlich auf dem iPhones verfügbar sind oder auch auf einem Computer oder Laptop genutzt werden können.

Webseite   App

KOMMUNIKATION

E-MAIL	Verschiedene Anbieter wie web.de, gmx.de, posteo.de oder aikQ.de
JITSI MEET	Sichere Videotelefonie- und Videokonferenz, kostenfrei

ORGANISATION

GOOGLE KALENDER	Online-Kalender von Google zur Terminverwaltung
TERMINPLANER DFN	Online-Umfragen zur gemeinsamem Terminfindung erstellen
NOTE PLAN	Online-Dienst zur Verwaltung von Aufgaben und Notizen

INFORMATION

TAGESSCHAU	Aktuelle Nachrichten der Tagesschau
ZEITSCHRIFTEN	Artikel, z.B. Zeit, Süddeutsche, Lokalzeitungen
WETTER.COM	Weltweite sowie lokale Wettervorhersage durch Standortangabe
CHIP.DE	Nachrichten aus der Technik- & Verbraucherwelt, Testberichte

TECHNISCHE HILFE

TEAMVIEWER	Fernwartungssoftware zur Unterstützung durch vertrauenswürdige Personen
SPEEDTEST	Überprüfung der Stärke der anliegenden Internetverbindung

PARTIZIPATION/SOLIDARITÄT

NEBENAN.DE	Online-Portale für Nachbarschaftshilfe
POLITAKTIV.ORG	Projekt für Bürgerbeteiligung im Netz

UNTERHALTUNG

ARTE MEDIATHEK	Filme, Serien, Nachrichten von Arte
RADIO.DE	Plattform, auf der Sie eine große Auswahl an Radiosendern aus aller Welt hören können
YOUTUBE	Videoplattform für professionelle sowie selbstgedrehte Inhalte
NETFLIX	Streaming-Plattform für Filme & Serien (kostenpflichtig ab 13,99€/mtl.)
QUIZDUELL	Quiz mit der Möglichkeit mit Freund*innen/Familie zu spielen

GESUNDHEIT

HYDRO	App, die an geregelte Flüssigkeitszufuhr erinnert
HUSTEBLUME	Pollenvorhersage für die nächsten drei Tage in Ihrer Region
IHRE APOTHEKEN	Medikamente zur Abholung reservieren, Notdienst-Apotheke finden
RUNTASTIC STEPS	Schrittzähler & Kalorienverbrauch
TELEKLINIK	Medizinische Beratung und Behandlung von zu Hause durch Online-Konsultationen mit Ärzten

REISEN

BOOKING. COM	Suchmaschine für die Buchung von Hotels, Reisen, Flügen usw.
URLAUBS-GURU	Portal für Online-Reise-Schnäppchen
TRIPADVI-SOR	Tipps für Restaurants, Ausflüge, usw. am Urlaubsort
WÄH-RUNGSKON-TROLLE	Ermöglicht die einfache Überwachung und den Vergleich von Wechselkursen verschiedener Währungen in Echtzeit

KULTUR

GOOGLE ARTS & CUL-TURE	Sammlung von Kunst aus 2.000 Einrichtungen weltweit
DAILY ART	Täglich ein bekanntes Bild samt Informationen dazu
ASK HEL-MUT	Veranstaltungstipps für Musik, Film, Bühne und Kunst
NDR ELB-PHILHAR-MONIE OR-CHESTER	Livestream von Konzerten, Sendetermine und Ticketkauf

12. HILFREICHE WEBSEITEN UND MATERIALIEN

Sie möchten sich gern außerhalb dieses Ratgebers weiterbilden? Kein Problem! Wir haben Ihnen einige sehr hilfreiche Webseiten zusammengestellt.

LEVATO ist eine Webseite, die durch kleine sympathische Erklärvideos Senior*innen die digitale Welt näherbringen möchte. Hierfür sind die Erklärvideos als einfache und verständliche Bedienungsanleitungen aufgebaut. Hierfür zahlen Sie einmalig 60 Euro pro Jahr. Doch keine Sorge – ohne Abo!

www.levato.de

DIGITAL MOBIL IM ALTER ist eine Initiative von O2 und der Stiftung Digitale Chancen und bietet auf ihrer Webseite Tipps zur Technikanschaffung, Erklärvideos und einen Podcast (Reportage als Hörbuch), um älteren Menschen den Zugang zur digitalen Welt zu ermöglichen. (Foto: Telefónica Deutschland)

www.telefonica.de/senioren.html

Der DIGITAL-KOMPASS bietet kostenfreie Angebote für Senior*innen rund um das Thema Internet & Co. Die Webseite ist ein Treffpunkt für persönlichen Austausch, für Schulungen vor Ort und online sowie um Materialien zu erhalten. Das Projekt selbst ist zwar ausgelaufen, doch können die Materialien trotzdem noch erworben werden. Allerdings gibt es schon ein Nachfolgeprojekt. Der Schwerpunkt hierbei liegt aktuell auf der Barrierefreiheit digitaler Medien.

www.digital-kompass.de

Das Serviceportal "Silver Tipps – mit Freude online!" gibt fundierte, verständliche und werbefreie Antworten auf Fragen rund um den täglichen Umgang mit dem Internet, dem iPhones und zu digitalen Anwendungen. Ältere Onliner*innen erhalten von Expert*innen oder Wissenschaftler*innen konkrete Informationen, Anregungen und Tipps, die helfen, digitale Herausforderungen zu meistern.

www.silver-tipps.de

KLICKSAFE ist eine Sensibilisierungskampagne zur Förderung der Medienkompetenz im Umgang mit dem Internet und neuen Medien im Auftrag der Europäischen Kommission. Sie möchte Internetnutzer*innen kompetent und kritisch mit der Nutzung von Internet und neuen Medien vertraut machen. Außerdem möchte sie ein Bewusstsein für problematische Bereiche dieser Angebote schaffen.

www.klicksafe.de

Das LANDESMEDIENZENTRUM BADEN-WÜRTTEMBERG bietet auf der hauseigenen Webseite eine Vielzahl von hilfreichen Broschüren. Vertreten sind Themen von der Medienarbeit mit und für Senior*innen bis hin zu Broschüren über die Vermittlung von Medienkompetenz an Schulen.

www.lmz-bw.de

Die VERBRAUCHERZENTRALE THÜRINGEN E.V. setzt sich für Verbraucher*innen in Fragen des privaten Konsums ein. Anbieterunabhängig informiert, berät und unterstützt sie Menschen bei der Durchsetzung ihrer Interessen gegenüber den Anbietern.

www.vzth.de

Die BAGSO – BUNDESARBEITSGEMEINSCHAFT DER SENIORENORGANISATIONEN vertritt die Interessen von Senior*innen. Sie setzt sich für ein aktives, selbstbestimmtes und möglichst gesundes Älterwerden ein. Auch das Thema Digitalisierung ist bei der BAGSO verankert. Auf der Webseite sind zahlreiche Informationen hierzu zu finden.

www.bagso.de

DEUTSCHLAND SICHER IM NETZ E.V. unterstützt Verbraucher*innen und kleinere Unternehmen im sicheren und souveränen Umgang mit der digitalen Welt. Dafür werden konkrete Hilfestellungen sowie Mitmach- und Lernangebote für Menschen im privaten und beruflichen Umfeld angeboten.

www.sicher-im-netz.de

WEGE AUS DER EINSAMKEIT E.V. setzt sich für die digitale Teilhabe von Senior*innen ein. Dafür bietet die Gründerin, Frau Dagmar Hirsche, auf ihrem Youtube-Kanal kostenlose Erklärvideos für iPhone-Einsteiger*innen an. Auch TV Beiträge stellt der Verein auf dem Kanal zur Verfügung.

www.wegeausdereinsamkeit.de/

Die BUNDESZENTRALE FÜR POLITISCHE BILDUNG möchte auf ihrer Webseite Menschen dabei unterstützen, sich mit dem Thema Internet und Medien zu befassen. Sie finden auf der Webseite Leitfäden, bspw. zu den Themen "einfach INTERNET. Leitfaden zur sicheren Internetnutzung in einfacher Sprache" oder auch "einfach WHATSAPP" u.v.m.

www.bpb.de

QR Code

BESUCHEN SIE UNSERE AKTIV MIT MEDIEN - LERNINSEL

Auf unserer eigens für Sie erstellten Webseite finden Sie viele Materialien zur Weiterbildung, interaktive Lernräume sowie aktuelle Neuigkeiten, welche Sie vor neuen Betrugsmaschen im Netz schützen sollen. Kommen Sie vorbei. Wir freuen uns auf Sie!

AKTIV MIT MEDIEN

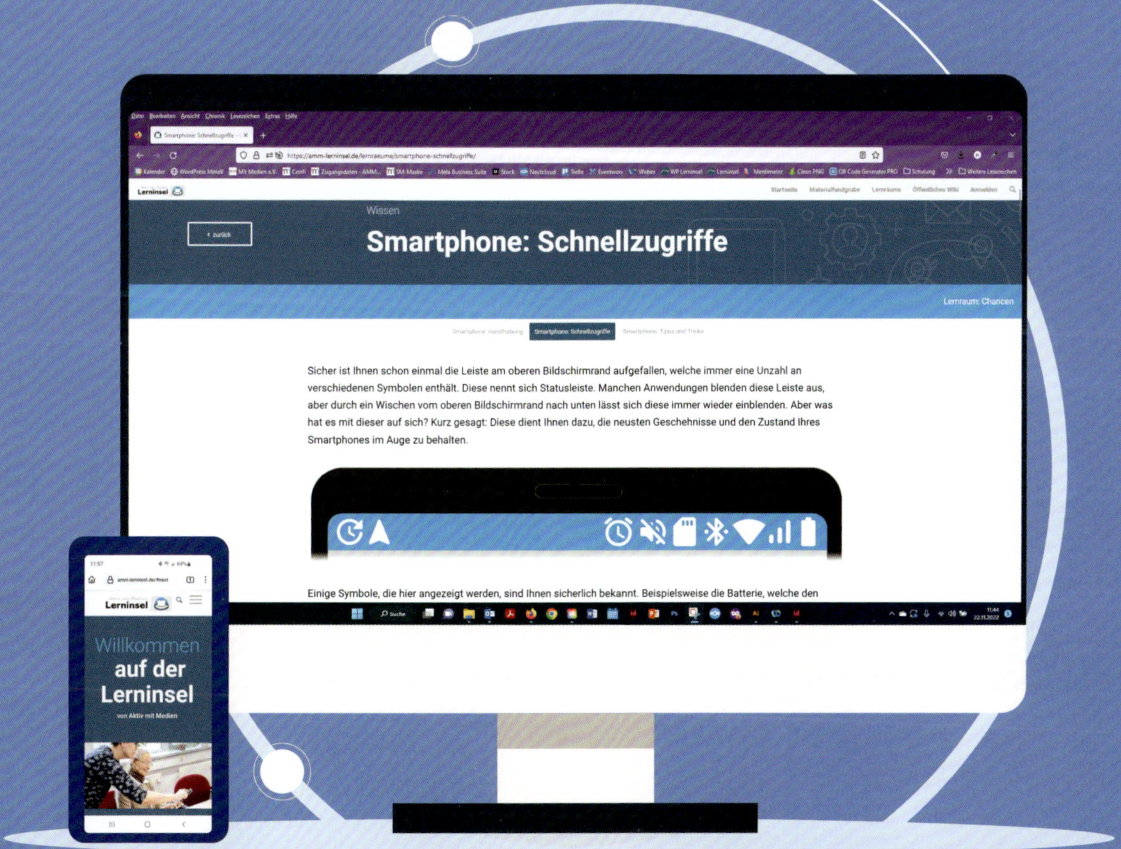

www.amm-lerninsel.de

⚠13. TIPPS VOR DIGITALEN GEFAHREN

Ein iPhone bietet viele Vorteile und kann Ihren Alltag bereichern. Es gibt aber auch Risiken, die Sie kennen sollten, um sicher unterwegs zu sein. In diesem Kapitel möchten wir Ihnen Tipps geben, wie Sie sich vor Gefahren schützen können, die mit der iPhone-Nutzung verbunden sein könnten. Aber keine Sorge! Dieses Kapitel soll Ihnen keine Angst machen, sondern Mut geben. Mit ein paar einfachen Vorsichtsmaßnahmen können Sie sich gut schützen, Ihr iPhone sicher nutzen sowie die Vorteile der digitalen Welt sicher und unbeschwert genießen.

13.1 WARUM UPDATES WICHTIG SIND

Updates (man liest: Apdejts) sind Verbesserungen oder Aktualisierungen für die Software (man liest: Softwär) auf Ihrem iPhone. Übersetzt heißt "Update" so viel wie "Aktualisierung" oder "Verbesserung". Wenn ein Update verfügbar ist, bedeutet das, dass die Firma Apple neue Funktionen hinzugefügt oder Fehler behoben hat, um die Sicherheit und Leistung Ihres iPhones zu verbessern. Es ist wichtig, Updates regelmäßig zu installieren, damit Ihr iPhone sicher und gut funktioniert. Die verschiedenen Update-Versionen (sie werden nach dem Betriebssystem benannt - iOS, siehe Seite 11) sind nummeriert, um die Verbesserungen anzuzeigen. Momentan ist dies iOS 18. (Stand: September 2024). Falls Ihr iPhone älter ist, kann es sein, dass es die neueste Version nicht mehr erhält. Das ist jedoch nicht weiter schlimm, denn auch ältere Versionen bekommen in der Regel noch wichtige Sicherheitsupdates, um Ihr Gerät geschützt zu halten.

a) Updates manuell in den Einstellungen prüfen

Sie können selbst nach Updates suchen, indem Sie die Einstellungen Ihres iPhones öffnen. Als kleine Erinnerung: Das Symbol für die Einstellungen sieht aus wie ein kleines Zahnrad und befindet sich auf Ihrem Bildschirm.

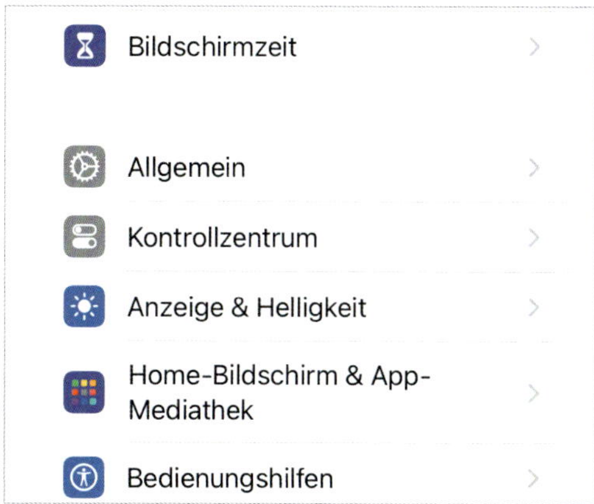

Suchen Sie im Menü den Bereich ALLGEMEIN. Tippen Sie darauf, um das Menü zu öffnen.

Tippen Sie nun auf SOFTWARE-UPDATE.

DIE AUTOMATISCHEN UPDATES WERDEN IHNEN IM NÄCHSTEN SCHRITT AUF DER FOLGENDEN SEITE ERKLÄRT!

Wenn kein Update vorhanden ist und Sie also auf dem neusten Stand sind, sehen Sie hier Ihre aktuelle iOS-Version.

AN DIESER STELLE SEHEN SIE, WELCHES DAS NEUESTE UPDATE IST, WELCHES SIE SICH HERUNTERLADEN KÖNNEN.

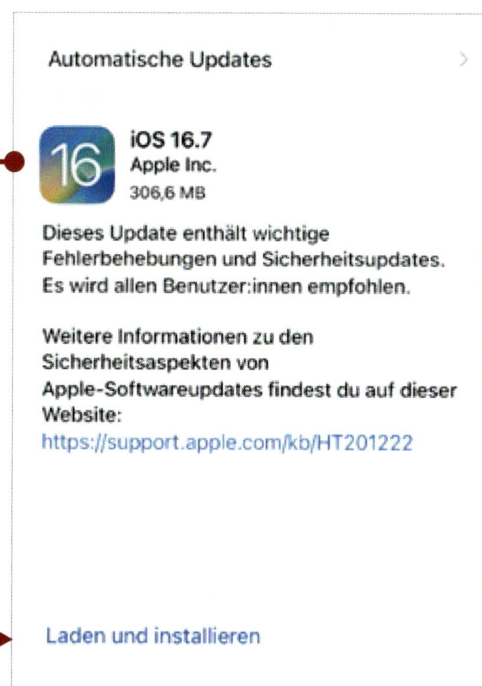

Ist ein Update vorhanden, können Sie mit Ihrem Finger auf LADEN UND INSTALLIEREN tippen und Ihr Gerät lädt das neuste Update herunter.

b) Automatische Updates

Wenn Sie, wie im letzten Schritt gezeigt, auf AUTOMATISCHE UPDATES tippen, gelangen Sie in dieses Menü. Durch das Antippen der Schalter auf der rechten Seite können Sie die jeweiligen Optionen aktivieren oder deaktivieren. Leuchten die Schalter grün, sind sie aktiviert. Sind sie grau hinterlegt, sind sie deaktiviert. Im Folgenden werden Ihnen die einzelnen Schalter und ihre Funktionen erklärt:

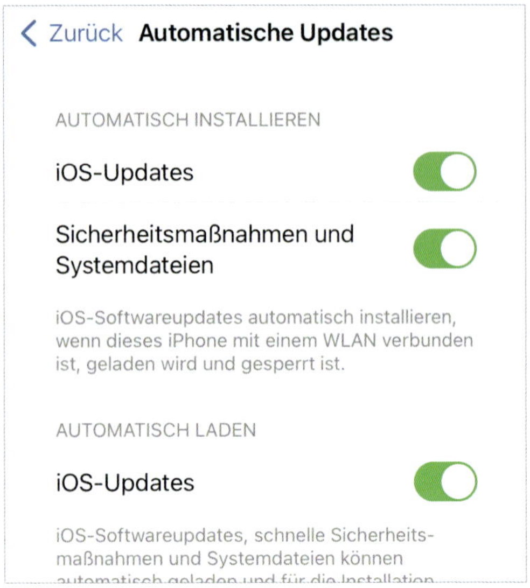

iOS-Updates: Bei aktiviertem Schalter werden iOS-Softwareupdates automatisch heruntergeladen und installiert, wenn Ihr iPhone mit WLAN verbunden, aufgeladen und gesperrt ist. Sie müssen Updates nicht manuell installieren – Ihr iPhone übernimmt das für Sie.

Sicherheitsmaßnahmen und Systemdateien: Mit diesem Schalter aktivieren Sie die automatische Installation wichtiger Sicherheitsupdates und Systemdateien. Diese Updates werden ebenfalls bei WLAN-Verbindung, Ladezustand und Sperre installiert, so dass Ihr iPhone stets sicher und aktuell bleibt.

iOS-Updates: Ist dieser Schalter aktiviert, werden iOS-Softwareupdates sowie wichtige Sicherheitsmaßnahmen – wenn verfügbar – zur Installation vorbereitet.

Tipp: Aktivieren Sie alle drei Schalter. Dadurch bleibt Ihr iPhone stets aktuell und sicher. Wenn ein neues Update verfügbar ist, informiert Sie Ihr iPhone mit einer Benachrichtigung, die Sie durch Tippen auf JETZT INSTALLIEREN bestätigen können.

13.2 SICHERE PASSWÖRTER ERSTELLEN

Passwörter sind wie Schlüssel für Ihre digitalen Türen. Sie brauchen sie, um sich sicher bei verschiedenen Online-Diensten anzumelden, wie zum Beispiel bei Ihrem E-Mail-Konto, beim Online-Banking oder auch, wenn Sie sich digital ein Bahnticket über die Bahn App kaufen wollen. Ein Passwort schützt Ihre persönlichen Informationen vor unbefugtem Zugriff und stellt sicher, dass nur Sie auf Ihre Benutzerkonten zugreifen können.

Jedes Mal, wenn Sie sich bei einer Website oder einer App anmelden, werden Sie nach einem Passwort gefragt. Auch bei Ihrem IPhone ist ein Passwort hilfreich, um Ihre Daten zu schützen. Ein sicheres Passwort ist wichtig, um Ihre privaten Informationen zu schützen und sicher im Internet unterwegs zu sein.

a) Worüber sollte ein Passwort verfügen?

Ein sicheres Passwort sollte mindestens 12 Zeichen lang sein. Es sollte keine echten Wörter enthalten, die im Wörterbuch zu finden sind, um es schwieriger für Angreifende zu machen, die mit der Wörterbuchmethode arbeiten. Dabei werden Programme verwendet, die automatisch gängige Wörter und Wortkombinationen aus einem Wörterbuch ausprobieren, um Ihr Passwort zu knacken. Stattdessen sollte Ihr Passwort eine Mischung aus Klein- und Großbuchstaben, Zahlen sowie Sonderzeichen enthalten. Vermeiden Sie es auch, Begriffe zu verwenden, die in engem Zusammenhang mit Ihnen stehen, wie zum Beispiel Ihren Namen oder Ihr Geburtsdatum oder auch die Namen Ihrer Kinder/Enkelkinder. Diese Vorsichtsmaßnahmen helfen, Ihr Passwort stark und schwer zu knacken zu machen.

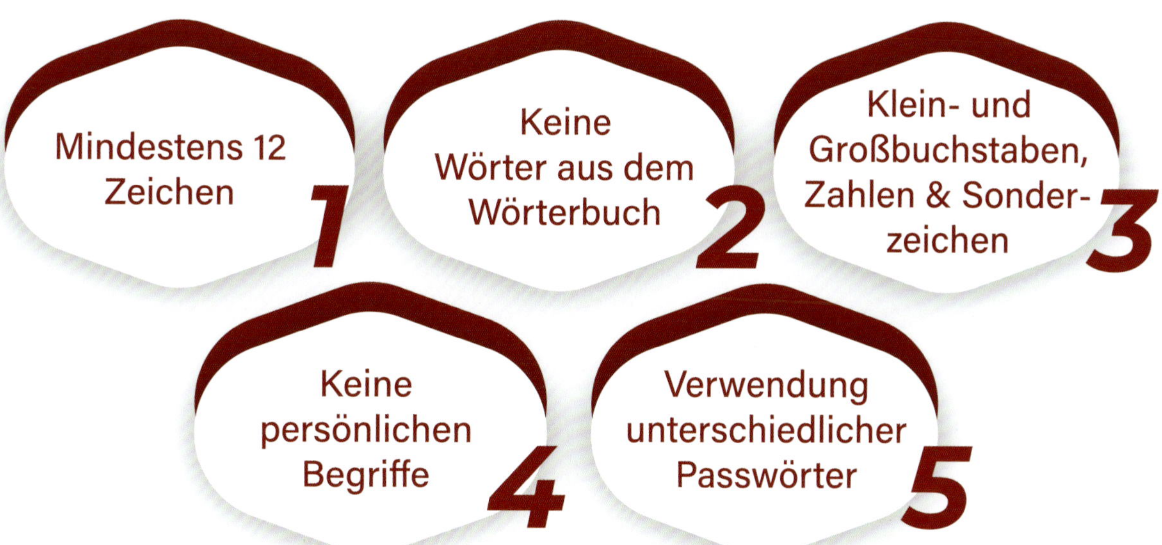

b) Die Merksatzmethode

Die Merksatzmethode ist eine einfache und effektive Methode, um sich starke Passwörter zu erstellen, die Sie sich gut merken können:

SATZ ÜBERLEGEN

Denken Sie sich einen Satz aus, den Sie sich leicht merken können. Zum Beispiel: "Jeden Morgen genieße ich eine Tasse Kaffee mit meinem Hund Charlie im Garten"

ERSTEN BUCHSTABEN NEHMEN

Nehmen Sie den ersten Buchstaben jedes Wortes aus diesem Satz. In unserem Beispiel wären das: "JMgieTKmmHCiG"

ZAHLEN UND SONDERZEICHEN HINZUFÜGEN

Fügen Sie Zahlen und Sonderzeichen hinzu, um das Passwort noch sicherer zu machen. Sie können Zahlen in den Satz einfügen und/oder einige Buchstaben durch Sonderzeichen und Ziffern ersetzen.

1. Aus E wird 3
2. Aus i wird !
3. Aus O (Buchstabe) wird 0 (Null)
4. Aus 8 wird ß
5. Aus C wird (

BUCHSTABEN WERDEN DURCH ZAHLEN UND SONDERZEICHEN ERSETZT - DIES GEHT NATÜRLICH AUCH UMGEKEHRT!

BEISPIEL

Aus dem Satz "Jeden Morgen genieße ich eine Tasse Kaffee mit meinem Hund Charlie im Garten" wird das Passwort:

JMg!3TKmmH(!G

Das Erstellen sicherer Passwörter erfordert anfangs etwas Übung, besonders wenn es darum geht, sich die Sonderzeichen-Kombinationen zu merken, die ersetzt werden können. Doch mit ein wenig Übung und gelegentlichem Nachschlagen in diesem Ratgeber werden Sie die Passwörter bald problemlos beherrschen. So haben Sie ein starkes Passwort, das Sie sich leicht merken können, weil es auf einem Satz basiert, den Sie kennen und gut verstehen.

Neue Nachricht

Von: INFO-BOX

Betreff: Tipps zu Ihren erstellten Passwörtern

JEDES KONTO VERDIENT EIN EIGENES PASSWORT

Auch wenn es aufwendig erscheinen mag, ist es wichtig, für jedes Benutzerkonto ein eigenes Passwort zu verwenden. Wird ein Passwort einmal geknackt, durchsuchen Kriminelle digital oft systematisch beispielsweise andere Banken und Online-Portale, um herauszufinden, ob dasselbe Passwort auch dort verwendet wird. Wenn Ihr Passwort zum Beispiel für das Online-Banking bei der Sparkasse gestohlen wird, könnten Betrügende versuchen, es bei anderen Banken wie der Deutschen Bank oder anderen Online-Diensten zu verwenden. Ein einzigartiges Passwort für jedes Konto schützt Sie davor, dass ein Sicherheitsvorfall bei einem Dienst auch Ihre anderen Konten gefährdet.

ABER WIE KÖNNEN SIE SICH SO VIELE PASSWÖRTER MERKEN?

Es gibt zwei Möglichkeiten: Sie können den integrierten Passwort-Manager Ihres iPhones verwenden. Das kann zu Beginn der Nutzung jedoch etwas kompliziert sein und erfordert etwas Übung und wird außerdem im Ratgeber nicht erklärt. Passwörter sollten niemals offen auf Ihrem Computer oder dem iPhone gespeichert werden, es sei denn, Sie nutzen einen Passwort-Manager. Alternativ können Sie ein kleines Notizbuch verwenden, in dem Sie Ihre Passwörter aufschreiben. Bewahren Sie dieses Notizbuch an einem sicheren Ort in Ihrer Wohnung auf, aber nicht direkt in der Nähe Ihres iPhones, Laptops oder anderer Geräte. Die größte Gefahr, dass Ihr Passwort gestohlen wird, besteht digital über das Internet, nicht bei Ihnen zu Hause. Einbrechende suchen nach Wertgegenständen oder Bargeld, nicht nach einem kleinen Notizbuch. Wichtig ist, dass Sie das Notizbuch niemals gemeinsam mit Ihrem Gerät mitnehmen oder Passwörter auf einem Zettel in Ihrer iPhone-Hülle aufbewahren. Wenn Sie Ihr iPhone verlieren, könnten Kriminelle sonst leicht an Ihre Passwörter gelangen. Dies betrifft nicht nur die Passwörter auf Ihrem iPhone, sondern auch die Zugangsdaten zu Ihrer Bankkarte und Ihren Bank-PIN-Code.

SENDEN

13.3 TELEFON- UND SMS-BETRUG

In unserer zunehmend digitalen Welt nehmen "klassische" Betrugsversuche über Telefon und SMS leider nicht ab. Besonders die Kriminellen geben sich oft als vertrauenswürdige Institutionen wie Banken, Behörden oder sogar als Familienmitglieder aus, um an persönliche Informationen oder Geld zu gelangen. Es ist daher wichtig, wachsam zu sein und Anzeichen für solche Betrugsversuche zu erkennen. In diesem Kapitel möchten wir Ihnen Hinweise geben, wie Sie sich vor Telefon- und SMS-Betrug schützen können.

a) Telefonbetrug

Telefonbetrug ist eine betrügerische Methode, bei der Kriminelle versuchen, Sie am Telefon zu manipulieren, um an Ihr Geld oder Ihre persönlichen Informationen zu gelangen. Die Anrufenden geben sich häufig als vertrauenswürdige Personen oder Organisationen aus, wie zum Beispiel als Bankmitarbeitende, Polizeikräfte oder Familienmitglieder. Dabei üben die Kriminellen hohen Druck auf Sie aus, auch durch mehrfaches Anrufen. In der Hektik des Moments sollen Sie dazu gebracht werden, schnell Geld zu überweisen, Ihre Bankdaten preiszugeben oder andere Fehler zu machen, ohne ausreichend darüber nachzudenken.

DIE TOP 5 DER HÄUFIGSTEN BETRUGSVERSUCHE AM TELEFON

Der **"Enkeltrick"** ist eine Betrugsmasche, bei der Kriminelle ältere Menschen anrufen und sich als Enkel oder nahes Familienmitglied ausgeben. Oft melden sie sich am Telefon mit *"Hallo, ich bin's"* und warten darauf, dass Sie den Namen des Enkels oder eines anderen Familienmitglieds nennen, um Vertrauen zu gewinnen. Dann behaupten sie, in einer finanziellen Notlage zu sein, und bitten dringend um Geld.

Der **"Falsche Polizeibeamte"** ruft oft mehrmals an: Zuerst warnen sie vor einem Einbruch im Viertel, dann vor einem in der Nebenstraße, und schließlich behaupten sie, dass es einen Einbruch bei einem angeblichen Nachbarn gegeben habe. Sie erklären, dass Ihr Geld oder Ihre Wertsachen in Gefahr sind und fordern Sie auf, diese zu "sichern". Dabei bitten sie darum, Geld oder Schmuck einem vermeintlichen Beamten zu übergeben, der es abholt und sicher zum Schutz und zur Aufbewahrung ins Präsidium bringt.

Bei einem **"Schockanruf"** behaupten die Kriminellen, dass ein nahes Familienmitglied in einem schweren Unfall verwickelt ist oder sich in einer sonstigen Notlage befindet. Die Anrufenden erzeugen dabei ein Gefühl der Dringlichkeit und Panik, um einen dazu zu bringen, sofort Geld zu überweisen oder persönliche Informationen preiszugeben. Oft wird die Situation dramatisch geschildert, um schnelle und unüberlegte Reaktionen zu erzwingen.

Der **"Falsche Microsoft-Mitarbeitende"** behauptet, dass auf Ihrem Computer ein ernsthaftes Problem entdeckt wurde, das sofort behoben werden muss. Um das Problem zu lösen, fordert man Sie auf, eine bestimmte Software (Programm für den Computer) herunterzuladen, die ihnen Zugriff auf Ihren Computer gibt, oder persönliche Informationen preiszugeben. In Wirklichkeit haben die Kriminellen keine Verbindung zu Microsoft und nutzen den Zugriff auf Ihren Computer, um Daten zu stehlen oder Schadsoftware (ein Programm, welches Ihrem Computer schadet) zu installieren. Daher sollten Sie niemals wichtige Passwörter offen auf dem Gerät speichern (z.B. in einer Word- oder Excel-Datei).

Beim **"Gewinnspiel-Betrug"** behaupten Kriminelle, dass Sie gewonnen haben und große Preise wie Geld, Reisen oder hochwertige Produkte erhalten werden. Um den Gewinn zu "aktivieren" oder "zu bestätigen", müssen Sie jedoch persönliche Daten angeben oder eine Gebühr bezahlen. In Wirklichkeit gibt es keinen echten Gewinn und die betrügerischen Personen nutzen Ihre Daten, um Geld zu stehlen oder Identitätsdiebstahl zu begehen.

b) SMS-Betrug

Beim SMS-Betrug versuchen Kriminelle, durch gefälschte Textnachrichten an Ihre persönlichen Informationen oder Geld zu gelangen. Sie erhalten eine Nachricht, die wie eine offizielle Mitteilung von Banken, Behörden oder angeblichen Familienmitgliedern in Not aussieht. Oft wird ein dringender Handlungsbedarf vorgetäuscht, wie die Bestätigung einer angeblichen Zahlung oder die Überprüfung von Kontoinformationen. Die SMS kann einen Link (Begriffserklärung auf Seite 133) enthalten, den Sie betätigen sollen, um Ihre Daten einzugeben oder eine vermeintliche Sicherheitsmaßnahme zu ergreifen. Folgen Sie dem, riskieren Sie, Schadsoftware (Begriffserklärung auf Seite 136) herunterzuladen oder auf eine gefälschte Webseite (Begriffserklärung auf Seite 137) zu gelangen, auf der Sie Ihre persönlichen Daten eingeben, weil Sie die Seite für echt halten.

DIE TOP 3 DER HÄUFIGSTEN BETRUGSVERSUCHE PER SMS

Bei der **"Paketlieferung"** geben sich Kriminelle als Mitarbeitende eines bekannten Paketdienstes aus und senden Ihnen eine SMS, die vorgibt, über eine angebliches Lieferung zu informieren, welche bei Ihnen eintreffen soll. Die Nachricht enthält einen Link, der Sie auf eine sehr echt aussehende, aber gefälschte Webseite führt. Diese Seite imitiert haargenau die offizielle Seite des Paketdienstes und fordert Sie auf, persönliche Informationen einzugeben oder eine Gebühr zu bezahlen, um die Lieferung abzuschließen.

Bei der **"Neuen Nummer"-Methode** erhalten Sie eine SMS, die etwa wie folgt klingt: *"Hallo Mama und Papa, ich habe eine neue Nummer. Könnt ihr bitte die Nummer umspeichern und mir eine Testnachricht in WhatsApp schicken? Danke, hab euch lieb!"* Nachdem Sie die Nummer umgespeichert haben, erhalten Sie einige Tage später eine Nachricht von dieser angeblichen neuen Nummer, in der das vermeintliche Kind in eine Notlage gerät und um Geld bittet. In der Hektik des Moments könnten Sie sich möglicherweise nicht mehr an die Änderung der Nummer erinnern und auf die dringende Bitte eingehen.

Bei der **"Bank-Betrug"-Methode** erhalten Sie eine SMS, die angeblich von Ihrer Bank stammt. Die Nachricht informiert Sie über ein angebliches Sicherheitsproblem mit Ihrem Konto oder fordert Sie auf, eine dringende Überprüfung vorzunehmen. Sie wird oft mit einem Link versehen, auf den Sie klicken sollen, um Ihre Kontoinformationen zu "verifizieren" oder "zu aktualisieren". In Wirklichkeit handelt es sich um einen Betrugsversuch, und der Link führt Sie zu einer gefälschten Webseite, die darauf ausgelegt ist, Ihre persönlichen Daten zu stehlen.

NUMMER SOLL UMGESPEICHERT WERDEN

LINK FÜHRT ZUR GEFÄLSCHTEN WEBSEITE

c) Wie schützen Sie sich vor Telefon- und SMS-Betrug?

1. Misstrauisch sein bei unbekannten Anrufern: Wenn Sie einen Anruf von einer unbekannten Nummer erhalten, seien Sie vorsichtig. Kriminelle geben sich häufig als Mitarbeitende von Banken, Behörden oder sogar als Familienmitglieder aus. Überlegen Sie immer, ob der Anruf tatsächlich von der genannten Quelle stammen kann.

2. Sofort auflegen und nicht in Gespräch verwickeln lassen: Wenn Sie den Verdacht haben, dass es sich um einen Betrugsversuch handelt, legen Sie sofort auf. Es ist besser, auf "Nummer sicher" zu gehen und den Anruf zu beenden, als sich in ein Gespräch verwickeln zu lassen und aus Versehen persönliche Daten preiszugeben. Wenn Sie unsicher sind, können Sie beispielsweise das betreffende Familienmitglied oder die Bank über die Ihnen bekannte, reguläre Telefonnummer zurückrufen, um zu überprüfen, ob wirklich ein Problem vorliegt.

3. Keine Geldforderungen erfüllen: Gehen Sie auf keine Geldforderungen ein und übergeben Sie keine Wertsachen an Fremde. Seriöse Institutionen werden niemals am Telefon oder per SMS um Geld bitten oder persönliche Besuche arrangieren, um Geld abzuholen.

4. Keine Links anklicken: Klicken Sie niemals auf Links in unerwarteten SMS-Nachrichten. Wenn Sie unsicher sind, ob die Nachricht echt ist, nutzen Sie stattdessen den sicheren Weg über Ihre Bank-App oder rufen Sie Ihr Bankinstitut direkt an. Paketdienste senden keine Links, die Sie betätigen sollen.

5. Familien- und Bekanntenkreis informieren: Sprechen Sie mit Ihren Familienmitgliedern und engen Freunden und Freundinnen über die Gefahren von Telefon- und SMS-Betrug und legen Sie gemeinsam ein Passwort fest, das nur Ihnen vertrauten Personen bekannt ist. Dieses Passwort sollte einfach zu merken sein, wie zum Beispiel "Bratwurst". Wenn sich jemand am Telefon oder per SMS als Familienmitglied oder enger Freund ausgibt, verlangen Sie das vereinbarte Passwort, bevor Sie weiter mit der Person sprechen oder persönliche Informationen preisgeben. Diese Maßnahme kann helfen, sicherzustellen, dass Sie tatsächlich mit der Person sprechen, die Sie annehmen.

Mit diesen Vorsichtsmaßnahmen erhöhen Sie deutlich Ihren Schutz vor Telefon- und SMS-Betrug. Sie stellen sicher, dass Ihre persönlichen Daten und Ihr Geld in sicheren Händen bleiben, und minimieren das Risiko, auf betrügerische Maschen hereinzufallen. So bewahren Sie nicht nur Ihre Sicherheit, sondern auch Ihre innere Ruhe, da Sie wissen, dass Sie aktiv Maßnahmen ergriffen haben, um sich vor Betrügenden zu schützen.

Neue Nachricht

Von: INFO-BOX

Betreff: Tippkarten des Weißen Rings: Ihr Schutz vor Telefonbetrug

Die Tippkarten des Weißen Rings sind eine visuelle Hilfe und bieten praktische Informationen, die Sie sich neben Ihr Telefon legen können, um eine visuelle Unterstützung bei der Vermeidung von Betrug zu haben. Diese Karten enthalten einfache, klare Tipps und Sicherheitsmaßnahmen, die Ihnen helfen, verdächtige Anrufe und Nachrichten schnell zu erkennen und richtig darauf zu reagieren. Die Karten sind so gestaltet, dass Sie die wichtigsten Punkte auf einen Blick erfassen können, um sich im Alltag besser vor Betrugsversuchen zu schützen.

INTERNETADRESSE:
www.weisser-ring.de/Telefonbetrug

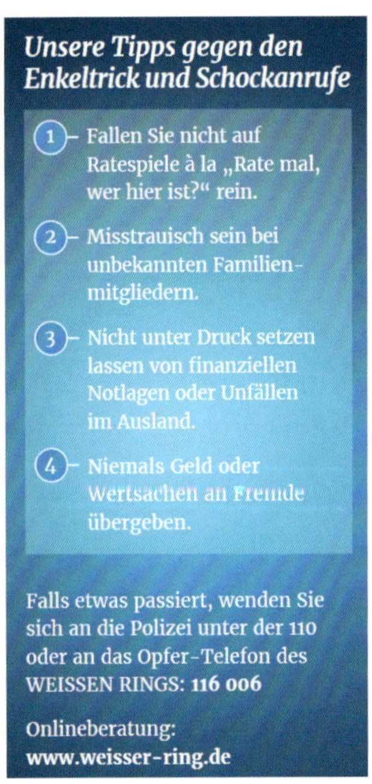

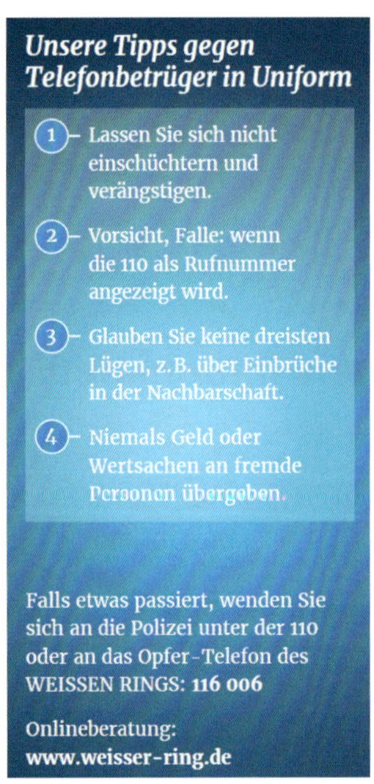

QR-CODE

SENDEN

13.4 DIE DRITTANBIETERSPERRE

a) Was ist die Drittanbietersperre?

Drittanbieter sind Firmen, die im Auftrag anderer Unternehmen Rechnungen über Ihre Telefonabrechnung einziehen. Das bedeutet, dass Sie nicht direkt einen Vertrag mit dem Unternehmen abgeschlossen haben, sondern dass ein Drittanbieter von diesem Unternehmen beauftragt wurde, die Rechnung zu verwalten. Oft geht es bei diesen Rechnungen um Abonnements (Abos), die Ihnen Kosten verursachen können. Auch wenn Sie bewusst kein Abo abgeschlossen haben, kann es sein, dass Sie versehentlich auf Werbung geklickt oder eine betrügerische SMS erhalten haben, die Sie in eine kostenpflichtige Falle gelockt hat. Keine Sorge, in den meisten Fällen ist das nicht erlaubt. Die Regeln besagen, dass ein Unternehmen Sie klar und deutlich informieren muss, wenn Sie einen Vertrag oder ein Abo eingehen. Dazu gehört, dass Ihnen erklärt wird, was genau Sie abonnieren und wie hoch die Kosten sind. Außerdem muss Ihnen ein klarer Hinweis auf Ihr Rückgaberecht gegeben werden, damit Sie den Vertrag gegebenenfalls wieder rückgängig machen können. Leider gibt es auch unseriöse Unternehmen, die versuchen, diese Regeln zu umgehen. Daher ist es wichtig, vorsichtig zu sein und bei unerwarteten Rechnungen oder Angeboten genau zu überprüfen, ob Sie tatsächlich etwas abgeschlossen haben oder ob es sich um eine betrügerische Masche handelt.

b) Wie können Sie sich hiervor schützen? Mit der Drittanbietersperre!

Wenn Sie eine Drittanbietersperre einrichten möchten, können Sie dies ganz einfach erledigen, indem Sie Ihren Mobilfunkanbieter kontaktieren. Das können Sie tun, indem Sie entweder direkt ein Geschäft des Anbieters aufsuchen, ihn telefonisch kontaktieren oder die entsprechende App nutzen. Es ist wichtig zu wissen, dass die Einrichtung dieser Sperre für Sie kostenlos sein muss. Wenn Ihnen jemand etwas anderes erzählt oder zusätzliche Gebühren verlangt, sollten Sie das nicht akzeptieren. Eine Drittanbietersperre schützt Sie davor, unerwartete Kosten auf Ihrer Telefonrechnung zu haben. Diese Sperre sorgt dafür, dass keine Gebühren durch Werbung oder Abonnements anfallen, die Sie versehentlich angetippt haben könnten. Mit der Sperre können Sie sicher sein, dass Sie keine Kosten durch ungewollte Werbung oder Abo-Fallen tragen müssen, da solche Dienste nicht mehr auf Ihrer Rechnung erscheinen können.

14. ENGLISCHE BEGRIFFE. EINFACH ERKLÄRT!

Der iPhone-Markt beinhaltet viele englische Worte. Doch nicht alle davon sind bekannt. Viele sind in diesem Ratgeber bereits erklärt worden. Doch müssen Sie hierfür nicht alles durchsuchen. Auf den folgenden Seiten werden die wichtigsten englischen Begriffe, welche im Alltag immer wieder auftauchen, nochmals erklärt.

ACCOUNT (man liest: Äkaunt)
Ein Account ist ein persönliches Benutzerkonto, welches Sie im Internet auf verschiedenen Webseiten anlegen können. Wenn Sie z.B. im Internet etwas kaufen wollen, brauchen Sie einen persönlichen Account, bei diesem Sie Ihren Namen, Ihre Adresse usw. angeben müssen.

APP (man liest: Äpp)
Apps sind ein integraler Bestandteil der heutigen digitalen Welt und ermöglichen uns, verschiedene Aufgaben auf unseren Geräten auszuführen. Durch ihre Vielfalt und Funktionalität haben sie unser tägliches Leben vereinfacht und bereichert. Das Wort APP ist eine Abkürzung für das englische Wort "Application". Auf Deutsch kann man es mit einem kleinen Computerprogramm übersetzen oder auch mit dem Wort Anwendung. All die kleinen Symbole, welche Sie an Ihrem Gerät auf der Startseite oder auch im Menü sehen, sind kleine Apps, also kleine Computerprogramme, die etwas ausführen. WhatsApp ist beispielsweise darauf programmiert, Nachrichten und/oder Bilder von A nach B zu schicken bzw. Videoanrufe zu steuern usw. In der Telefon-App bspw., die auf Ihren Geräten schon vorinstalliert ist, können Sie telefonieren und Kontakte abspeichern usw.

BLUETOOTH (man liest: Blutuuf)
Bluetooth überträgt für Sie per Funk und ohne Kabel Daten von einem Gerät zu einem anderen. Z.B. können Sie darüber Bilder austauschen. Auch können Sie per Freisprechanlage im Auto via Bluetooth telefonieren oder mit kabellosen Kopfhörern Musik hören. Die Reichweite beträgt maximal 10 Meter.

BROWSER (man liest: Brauser)

Ein Browser ist Ihre Tür ins Internet. Es ist ein Computerprogramm, welches Sie in das Internet "hineinlässt". Die gängigsten Browser sind CHROME, FIREFOX, EXPLORER und SAFARI. Browser kommt aus dem Englischen und bedeutet übersetzt "Stöberer". Mit dem Browser können Sie also im Internet "herumstöbern".

COOKIES (man liest: Kukies)

Cookies sind ins Deutsche übersetzt KEKSE. Es handelt sich hierbei um kleine Programme, welche bestimmte Daten von uns erfassen, wenn wir eine Webseite im Internet besuchen. Das iPhones oder der Computer speichert diese Daten. Das kann dann hilfreich sein, wenn Sie nach mehreren Tagen oder Monaten die gleiche Webseite nochmals besuchen und Ihre zuvor eingestellten Funktionen wieder genauso aussehen. Zum Beispiel, wenn Sie bei einem Online-Einkauf etwas in den Warenkorb gelegt haben, dies aber noch nicht bestellt haben. So ist die Ware beim nächsten Webseitenbesuch immer noch im Warenkorb. Grundsätzlich unterscheidet man zwischen technisch notwendigen (Ware ist noch im Warenkorb) und technisch nicht notwendigen Cookies wie z.B. Verbraucherinformationen (Alter, Geschlecht, Wohnort etc.), welche an die Betreiber einer Webseite weitergeben werden. Diese Cookies werden nur verwendet, damit der Webseitenbetreiber ein Profil von uns anlegen kann, ggf. um uns beim nächsten Mal personalisierte Werbung anzuzeigen. Die Cookies können ein- und ausgestellt werden. Tippen Sie beim nächsten Mal auf NUR ESSENZIELLE COOKIES oder auch nur FUNKTIONALE COOKIES (meist relativ schlecht zu erkennen und grau), anstatt auf ALLE ERLAUBEN (meist gut zu erkennen und farbig). So sind nur die Cookies aktiviert, welche Sie wirklich brauchen, um die Webseite besuchen zu können.

DOWNLOAD (man liest: Daunlohd)

Mit einem Download kann man sich etwas aus dem Internet herunterladen und auf das iPhone oder dem Computer abspeichern (z.B. Bilder, Musik, Textdateien etc.) Das Gegenteil von Download ist Upload (man liest: Aplohd; etwas in das Internet hochladen).

EMOJI (man liest: Emodschi) & SMILEY (man liest: Smeili)

Das Wort "Emoji" kommt aus dem Japanischen und bedeutet "Bildzeichen". Es sind kleine Symbole, die Gefühle, Objekte, Tiere oder Aktivitäten darstellen. Emojis werden verwendet, um in Nachrichten Gefühle auszudrücken, die schwer nur mit Worten zu beschreiben sind. Das Wort "Smiley" leitet sich vom englischen Wort "smile" ab, was "lächeln" bedeutet und ist eine speziel-le Art von Emoji, das immer ein Gesicht zeigt und ein Gefühl wie z.B. Freude oder Traurigkeit. Zusammengefasst: Ein Emoji ist ein Bildsymbol für viele Dinge, während Smileys eine Unterkategorie von Emojis sind, die sich auf Gesichter beschränken. Eine genaue Beschreibung finden Sie auf Seite 24.

FLATRATE (man liest: Flätrejt)

Flatrate heißt ins Deutsche übersetzt "Pauschalpreis". Man verwendet es z.B. für einen Internet- und Telefonvertrag am iPhone. So zahlen Sie z.B. 15 € pro Monat, unabhängig davon, wie viel Sie telefonieren, SMS schreiben oder das Internet nutzen.

GIF (man liest: Gif)

Ein GIF ist ein Bildformat, mit dem man kleine, bewegte Bilder erstellen kann. Es funktioniert, indem mehrere Bilder schnell hintereinander abgespielt werden, sodass eine Animation entsteht. GIFs werden häufig im Internet genutzt, um kurze, lustige oder ausdrucksstarke Clips zu teilen, und sind besonders beliebt zum Verschicken über WhatsApp und andere Messenger-Dienste (siehe Seite 134).

GIGABYTE (GB) & MEGABYTE (MB) (man liest: Gigabeit & Megabeit)

Mit Gigabyte und Megabyte werden die Speichergrößenangaben einer Datei angegeben, z.B. bei Fotos, Videos, Textdokumenten etc. Die Abkürzung hierfür ist GB und MB. Gleichzeitig wird der Begriff bei Telefontarifen als Datenvolumen-Angabe genutzt und beschreibt, wie viel "Internet" Sie zur Verfügung haben. 1 Gigabyte sind 1000 Megabyte. Hinweis: Bei einer durchschnittlichen Nutzung mit z.B. Nachrichten schreiben, sich navigieren lassen usw., sind 2 bis 4 GB völlig ausreichend.

HOME-BUTTON (man liest: Houm-Batten)

Über den Home-Button (Englisch für: Zuhause-Knopf) gelangen Sie auf den Startbildschirm zurück. Es ist entweder ein Knopf oder ein Zeichen auf dem Bildschirm und immer in der Mitte unten zu finden.

HOMEPAGE & WEBSITE (man liest: Hompejtsch & Wäbseit)

Im Internet gibt es eine Vielzahl an Angeboten wie Firmenseiten, Einkaufsläden, Einzelanbieter etc., welche sich präsentieren. All das sind verschiedene Websites. Eine Homepage ist die Startseite jeder Website.

IN-APP-KÄUFE (man liest: In-Äpp-Käufe)
In-App-Käufe sagen Ihnen, dass Sie in einer kostenlos herunterladbaren App, Zusatzfunktionen kaufen können. Zum Beispiel können Sie in einer App, welche Ihnen hilft Pilze zu bestimmen, zusätzlich noch passende Rezepte hierfür kaufen. Meist ist eine App, welche In-App-Käufe enthält, auch ohne die kaufbaren Zusatzfunktionen wunderbar zu nutzen.

LINK (man liest: Link)/ URL
Das Wort LINK bezieht sich normalerweise auf etwas, das Sie von einer Stelle im Internet zu einer anderen Stelle führt. Stellen Sie sich vor, das Internet ist wie ein riesiges Netzwerk von Straßen, und ein Link ist wie eine Wegbeschreibung, die Sie von einer Straße zur nächsten führt. Ein Link ist im Grunde genommen ein Text, ein Bild oder ein Button, auf den Sie mit Ihrem Finger tippen oder mit der Computermaus klicken, um von einer Webseite zur anderen zu gelangen. Wenn Sie auf einen Link tippen oder klicken, werden Sie zu einer neuen Webseite weitergeleitet. Dies kann eine andere Webseite, eine bestimmte Seite innerhalb derselben Webseite oder sogar ein Dokument oder eine Datei sein.

Eine URL (Englisch für: Uniform Resource Locator) ist die Adresse einer Webseite im Internet. Sie ist wie die Hausnummer für eine Webseite. Wenn Sie eine Webseite besuchen möchten, geben Sie den URL in die Adressleiste Ihres Internetbrowsers ein. Ein URL besteht aus Buchstaben, Zahlen und Zeichen wie "http://" oder "https://", gefolgt von einem Namen, wie "beispiel.de", und möglicherweise einem Pfad, der spezifische Unterseiten oder Ressourcen angibt.

Der Hauptunterschied besteht darin, dass der URL die genaue Adresse einer Webseite angibt, während ein Link das klickbare Element auf einer Webseite ist, das Sie zu einer anderen Webseite oder Ressource führt, die durch den URL identifiziert wird. Ein Link verwendet also eine URL, um Sie von einer Seite zur anderen zu bringen.

LOG-IN & LOG-OUT (man liest: Log in & Log aut)
Log-In bedeutet, dass Sie sich in Ihrem persönlichen Benutzerkonto (Ac-

count) einwählen, z.B. in Ihrem persönlichen Kundenkonto. Hierzu brauchen Sie meist eine E-Mail-Adresse/einen Benutzernamen und ein persönliches Passwort. Das Verlassen des persönlichen Bereiches nennt sich Log-Out.

MALWARE (man liest: Mäilwär)

Malware ist eine Abkürzung für "schädliche Software". Es handelt sich um bösartige Programme oder Codes, die entwickelt wurden, um Schaden auf Ihrem Computer, Ihrem iPhone oder anderen mit dem Internet verbundenen Geräten anzurichten. Malware kann verschiedene Formen annehmen, wie beispielsweise Viren und/oder Trojaner.

MESSENGER (man liest: Mäsänscher)

Messenger bedeutet auf Deutsch "Kurier" oder "Bote". Über eine Messenger-App können Sie Textnachrichten, Bilder, Sprachnachrichten und vieles mehr über das Internet verschicken. Die bekanntesten Messenger-Apps sind WHATSAPP, THREEMA und SIGNAL.

ONLINE & OFFLINE (man liest: Onlein & Offlein)

Online bedeutet, dass Sie mit dem Internet verbunden sind. Offline ist das Gegenteil, nämlich dass Sie NICHT mit dem Internet verbunden sind.

PATCH (man liest: Pätsch)

Ein Patch ist im Grunde genommen ein kleines Stück Software, das entwickelt wurde, um Probleme oder Fehler in einem bereits bestehenden Programm zu beheben. Es ist ähnlich wie ein Pflaster, das auf eine Verletzung aufgetragen wird, um sie zu heilen. Ein Patch kann auch Sicherheitslücken schließen oder neue Funktionen hinzufügen. Wenn beispielsweise ein Anti-Viren-Programm feststellt, dass Ihr Computer einen Fehler enthält oder etwas verbessert werden kann, erstellt es einen Patch, um diese Probleme zu beheben.

PLAY STORE/ APP STORE (man liest: Pläi Stor/ Äpp Store)

Der App Store und der Play Store sind digitale Plattformen, auf denen Benutzer*innen Apps für ihre mobilen Geräte (z.B. Smartphones/iPhones oder Tablets/iPads) herunterladen können. Der App Store und der Play Store könnten auch als "Digitaler Einkaufsladen" (aber nur für Apps) bezeichnet werden. Diese Apps können Spiele, soziale Netzwerke, Produktivitätswerkzeuge (z.B. eine Taschenlampen-App), Unterhaltungsanwendungen und vieles mehr sein. Unternehmen können ihre Apps im App Store oder im Play Store veröffentlichen, nachdem sie von Apple oder Google überprüft wurden, um sicherzustellen, dass sie den Richtlinien entsprechen und qualitativ hochwertig sind. Der Play Store ist der digitale Einkaufsladen von Google, welcher auf Android-Geräten verwendet wird. Hinter dem App Store steht das Unternehmen Apple, welches auf iPhones und iPads verwendet wird. Generell empfiehlt es sich, Apps nur im Play Store oder im App Store herunterzuladen, da dort die Apps schon auf Maleware getestet wurden.

PREPAID (man liest: Pripäit)
Prepaid heißt ins deutsche übersetzt "Vorkasse". Mit einer Prepaid SIM-Karte können Sie sich einen gewissen Geldbetrag auf das iPhone laden. Wenn Sie das Geld ausgegeben haben (z.B. durch Telefonieren oder weil Sie im Internet waren), müssen Sie das iPhone neu aufladen (mit einem bestimmten Geldbetrag, den Sie wählen können), bevor Sie es wieder nutzen können.

SCREENSHOT (man liest: Skrienschott)
Mit einem Screenshot können Sie ein Foto Ihres Bildschirmes aufnehmen. Hierfür gibt es meist eine Tastenkombination, welche Sie an Ihrem iPhone gemeinsam drücken müssen (z.B. die Lautstärketaste gemeinsam mit der An-/ Aus-Taste). Manchmal finden Sie diese Funktion auch in den Schnelleinstellungen Ihres iPhones.

SELFIE (man liest: Sälfi)
Das Wort "Selfie" bezieht sich auf ein Foto, das man von sich selbst macht, meistens mit einem iPhone. Anstatt jemand anderen zu bitten, ein Foto von Ihnen zu machen, halten Sie Ihr iPhone in der Hand, strecken einen Arm aus und nehmen ein Bild von sich selbst auf. Selfies sind normalerweise Bilder von sich selbst, die man selbst aufnimmt. Es kann jedoch auch vorkommen, dass man Selfies mit anderen Personen zusammen macht.

SIRI (man liest: Siri)
Siri ist eine Sprachassistentin auf Ihrem iPhone. Sie können Siri Fragen stellen oder bitten, Dinge für Sie zu erledigen, zum Beispiel eine Nachricht zu senden, das Wetter zu überprüfen oder Erinnerungen zu erstellen. Wenn

Sie mit Siri sprechen, versucht sie Ihnen zu helfen, indem sie Ihre Anfragen versteht und darauf reagiert.

SOFTWARE (man liest: Softwär)
Das Wort "Software" bezieht sich auf die Programme und Anwendungen, die auf einem Computer, iPhone oder anderen elektronischen Geräten ausgeführt werden können. Ohne Software kann ein iPhones, Computer usw. nicht "leben". Vorstellen können Sie sich eine Software wie einen Werkzeugkasten. Software sind die Werkzeuge, die Sie benutzen, um bestimmte Aufgaben zu erledigen. Software besteht aus einer Sammlung von Anweisungen, die dem Computer oder iPhone sagen, was er/es tun soll. Es gibt verschiedene Arten von Software, wie zum Beispiel Betriebssysteme, Textverarbeitungsprogramme, Spiele, Fotobearbeitungsprogramme und vieles mehr. Jede Software hat eine spezifische Funktion oder Aufgabe.

SURFEN (man liest: Sörfen)
Surfen kennen Sie wahrscheinlich schon vom Wassersport. Dort "reitet" man von einer Welle zur nächste. Im Internet ist es im Grundsatz nicht anderes. Nur surfen wir hier nicht von Welle zu Welle, sondern wir surfen von einer Internetseite zur nächsten.

SPAM (man liest: Späm)
Spam ist eine Nachricht, welche oft als E-Mail ankommt. Spam-Mails enthalten entweder unerwünschte Werbung oder oftmals echt aussehende gefälschte Nachrichten, z.B. von Ihrer Bank. Spam-Mails sollten sofort gelöscht werden, ohne zuvor etwas in der Mail anzuklicken.

TAB (man liest: Täb)
Ein Tab ist eine Registerkarte im Internet. Hiermit können Sie schnell zwischen mehreren geöffneten Seiten umschalten.

TABLET (man liest: Täblät)
Ein Tablet ist das Gleiche wie ein iPad, nur nicht von der Marke Apple. Ein Tablet könnte man als "großes Smartphone" bezeichnen. Es wird ähnlich wie dieses bedient, nur dass damit nicht klassisch telefoniert. Technisch gesehen ist ein Tablet ein tragbarer und flacher Computer, der nicht mit einer Computermaus bedient wird, sondern wie beim Smartphone/iPhone mit dem Finger. Zwar kann man sich eine Maus und eine Tastatur dazukau-

fen und über Bluetooth mit dem iPhone verbinden, doch ist dies erstmal nicht der herkömmliche Sinn dahinter.

TASK-MANAGER (man liest: Task-Mänädscher)
Ein Task-Manager ist eine Funktion auf Ihrem iPhone, die es ermöglicht, zwischen verschiedenen geöffneten Apps schnell zu wechseln. Durch den Task-Manager können Sie zwischen den zuletzt verwendeten Apps hin- und herschalten, ohne sie jedes Mal neu starten zu müssen. Normalerweise wird der Task-Manager durch ein Symbol geöffnet, welches sich auf Ihrer Startseite des IPhones befindet (siehe Kapitel 6, Seite 41: Home-Button/Task-Manager). Sobald der Task-Manager geöffnet ist, sehen Sie eine Liste der zuletzt verwendeten Apps. Durch das Antippen einer App in der Liste können Sie schnell zu dieser App wechseln und an der Stelle weitermachen, an der Sie sie verlassen haben. Dadurch wird die Bedienung Ihres iPhones vereinfacht, da Sie problemlos zwischen verschiedenen Apps hin- und herwechseln können, um Aufgaben effizient zu erledigen.

TOUCHSCREEN (man liest: Tatschskrien)
Touch bedeutet übersetzt "Berührung", Screen ist das englische Wort für "Bildschirm". Wenn Sie ein Gerät per Touchscreen benutzen, bedeutet dies also, dass Sie einen Bildschirm per Berührung steuern können, wie z.B. das iPhone.

UPDATE (man liest: Apdejt)
Mit einem Update bringen Sie Ihre Apps auf Ihrem iPhone wieder auf den neusten Stand. Übersetzt heißt das Wort ins Deutsche "Aktualisierung". Das Update sollten Sie immer durchführen, wenn es Ihnen auf dem Gerät angezeigt wird. Nach einem Update ist Ihr iPhone wieder auf dem neuesten Funktions- und Sicherheitsstandard.

WEB (man liest: Wäb)
Das Internet wird auch als World Wide Web bezeichnet (Englisch für: Weltweites Netzwerk). Die Abkürzung hierfür ist Web oder auch www.

WEBSITE (man liest: Wäbseit)
Eine Website ist im Grunde genommen eine Sammlung von unterschiedlichen Seiten, die im Internet zugänglich sind. Stellen Sie sich vor, eine Website ist wie ein digitales Buch oder ein Magazin, das Sie im Internet lesen

können. Eine Website besteht aus verschiedenen Unterseiten, die miteinander verknüpft sind. Jede Webseite enthält Texte, Bilder, Videos oder andere Inhalte, die für die Besucher*innen der Website sichtbar sind. Wenn Sie eine Website besuchen, geben Sie die Adresse der Website, die als URL bezeichnet wird, in Ihren Webbrowser ein. Der Webbrowser lädt dann die Webseite und zeigt sie auf Ihrem Bildschirm an.

WIDGET (man liest: Widsched)
Ein Widget ist ein interaktives Element auf dem Startbildschirm eines iPhones. Es zeigt dem Benutzenden Informationen oder ermöglicht den schnellen Zugriff auf bestimmte Funktionen, ohne dass die entsprechende App geöffnet werden muss. Beispiele für Widgets sind Wetteranzeigen, Kalenderansichten oder Musiksteuerungen. Widgets bieten eine praktische Möglichkeit, personalisierte Informationen und Funktionen schnell zugänglich zu machen.

WLAN & WIFI (man liest: W Lan & Weifei)
WLAN & WIFI (man liest: W Lan & Weifei) WLAN ist eine kabellose Verbindung mit dem Internet. Früher wurde der Computer per LAN-Kabel mit dem Internet verbunden, doch heute wird dafür meist WLAN (Wireless LAN = Drahtloses LAN) genutzt. Per WLAN können Sie bspw. Ihr iPhone oder Ihren Laptop ohne Kabel mit dem Internet verbinden. WLAN können Sie zuhause nutzen, falls Sie einen Vertrag mit einem Internetanbieter abgeschlossen haben (z.B. 1&1, Telekom, Vodafone), oder unterwegs an bestimmten "Hotspots" (öffentliche drahtlose Internetzugangspunkte), meist in Einrichtungen wie Hotels, in den Zügen der Deutschen Bahn, Bibliotheken oder großen öffentlichen Plätzen. Wählen Sie sich bei vertraulichen persönlichen Daten (z.B. Online-Banking) nur in passwortgeschützte WLAN-Netze ein. Freie WLAN-Netze sind nicht sicher. Diese können Sie zwar gern nutzen, z.B. für die Navigation oder um etwas zu googeln, doch sollten Sie von diesen Netzwerken aus keine Bankgeschäfte erledigen. Hierbei könnten leicht Daten gestohlen werden. Beachten Sie allerdings, dass der Begriff "WLAN" in den meisten fremdsprachigen Ländern nicht genutzt wird, obgleich er dem Englischen entlehnt ist. Wenn Sie im Ausland WLAN nutzen möchten, greifen Sie zu dem Begriff "WiFi".

ENDLICH SEHEN WIR UNS, TROTZ DER ENTFERNUNG!

BILDNACHWEIS

Infobox: Yelyzaveta/stock.adobe.com 7
Symbol Icon: Robbiya/stock.adobe.com 8
Tipps & Tricks Icon: puchongart/stock.adobe.com 10
Wischgeste Icon: Инна Харламова/stock.adobe.com; iPhonerahmen: sarawut/stock.adobe.com 12
iPhone-Rahmen: sarawut/stock.adobe.com 13
iPhone-Rahmen: sarawut/stock.adobe.com; Hand Robot/stock.adobe.com 14
とーふねこ/stock.adobe.com 15
iPhone-Tastatur Icon: Maan Icons/stock.adobe.com 16
Hand: HilaryDesign/stock.adobe.com 17
Infobox: Yelyzaveta/stock.adobe.com 24
Infobox: Yelyzaveta/stock.adobe.com 25
Hand: HilaryDesign/stock.adobe.com 27
Hand: HilaryDesign/stock.adobe.com 30
Grafik Computer: Sammby/stock.adobe.com 31
Schritte Icon: Kagan Kaya/stock.adobe.com 32
Mit Medien e.V. 33
nfobox: Yelyzaveta/stock.adobe.com 34
Computer Bild: Netzwerkschlüssel rausfinden. Netzwerkschlüssel: Was ist das und wo finde ich ihn? Abgerufen am 22.11.2022. URL: https://www.computerbild.de/artikel/cb-Tipps-Internet-netzwerkschluessel-30927367.html 35
Infobox: Yelyzaveta/stock.adobe.com; klyaksun/stock.adobe.com 36
klyaksun/stock.adobe.com 37
Infobox: Yelyzaveta/stock.adobe.com 38
Deagreez/istockphoto.com 39
Grundeinstellungen Icon: Oliviart/stock.adobe.com; iPhone: Pixabay 40
Infobox: Yelyzaveta/stock.adobe.com 42
Hand: HilaryDesign/stock.adobe.com 43
Hand: HilaryDesign/stock.adobe.com 46
Hand: HilaryDesign/stock.adobe.com 48
Infobox: Yelyzaveta/stock.adobe.com 49
Infobox: Yelyzaveta/stock.adobe.com 51
Infobox: Yelyzaveta/stock.adobe.com 53
RomchikDL_stock.adobe 54
Hand: HilaryDesign/stock.adobe.com 55
Hand: HilaryDesign/stock.adobe.com; Infobox: Yelyzaveta/stock.adobe.com 56
Hand: HilaryDesign/stock.adobe.com 57
Infobox: Yelyzaveta/stock.adobe.com 60
Robert DalyCaia Image/istockphoto.com 61
Kontakte verwalten Icon: yan4ik/stock.adobe.com; Hand: HilaryDesign/stock.adobe.com; iPhone: Pixabay 62
Infobox: Yelyzaveta/stock.adobe.com 64
Hand: HilaryDesign/stock.adobe.com 66
Hand: HilaryDesign/stock.adobe.com 68
Telefonieren Icon: Selim4434/stock.adobe.com; Hand: HilaryDesign/stock.adobe.com 70
Hand: HilaryDesign/stock.adobe.com 71
Hand: HilaryDesign/stock.adobe.com 73
App Store Logo; Hand: HilaryDesign/stock.adobe.com 75
Infobox: Yelyzaveta/stock.adobe.com 76
Infobox: Yelyzaveta/stock.adobe.com; App Store Gutscheinkarte (eigenes Foto) 79
Hand: HilaryDesign/stock.adobe.com 81
Infobox: Yelyzaveta/stock.adobe.com 85
Effektiv und sicher durchs Netz Icon: Robbiya/stock.adobe.com 86
Mikkel William Nielsen/istockphoto.com 93
Internet- und App Tipps Icon: Robbiya/stock.adobe.com; Infobox: Yelyzaveta/stock.adobe.com 94
Infobox: Yelyzaveta/stock.adobe.com 99
Infobox: Yelyzaveta/stock.adobe.com 109
Brief: ppdesign/stock.adobe.com; Kalender: corben_dallas/stock.adobe.com 110
Brief: Digital Bazaar/stock.adobe.com; Werkzeug: romvo/stock.adobe.com; Menschen: bsd studio/stock.adobe.com; Grafik unten: virinaflora/stock.adobe.com 111
Unterhaltung Kopfhörer: Janna Mudrak/stock.adobe.com; Gesundheit Icon: kyoko/stock.adobe.com; Grafik unten links: aiconslab/stock.adobe.com; Grafik unten Mitte: wectorcolor /stock.adobe.com; Grafik unten rechts: Ankit/stock.adobe.com 112
Globus: alexdndz/stock.adobe.com; WinWin/stock.adobe.com; Grafik unten links: focus_bell /stock.adobe.com; Grafik unten Mitte (links): aiconslab/stock.adobe.com; Grafik unten Mitte (rechts): Forgem/stock.adobe.com; Grafik unten rechts: Yuliia/ stock.adobe.com 113
Hilfreiche Webseiten und Materialien: Ralf's icons/stock.adobe.com 114
Grafik Computer: Sammby/stock.adobe.com 117
Hand: HilaryDesign/stock.adobe.com 120
Englische Begriffe Icon: Инна Харламова/stock.adobe.com 130
Cecilie_Arcurs/istockphoto.com 139
Vorderdeckel iPhone & Sprechblasen: dinvector/stock.adobe.com 140
Icon "Gefördert durch": kavya/stock.adobe.com; Icon "Kontakt und Impressum & "Projektträger" & "Gestaltung und Satz" : SMUX/stock.adobe.com; iPhone & Sprechblasen: dinvector/stock.adobe.com 140
Hinterdeckel iPhone & Sprechblasen: dinvector/stock.adobe.com 140

Icon "Gefördert durch": kavya/stock.adobe.com; Icon "Kontakt und Impressum & "Projektträger" & "Gestaltung und Satz" : SMUX/stock.adobe.com; iPhone & Sprechblasen: dinvector/stock.adobe.com

Alle im Ratgeber verwendeten Logos wurden mit Erlaubnis der Rechteinhaber verwendet und verfügen über die erforderlichen Bildrechte. Alle im Buch verwendeten Screenshots wurden selbst erstellt.